幸福
文化

財富
哪裡來

做好這**5**件事就能實現富足人生，
年收入翻**10**倍

林薔七——
著

　　財富哪裡來？從《國富論》、《經濟學原理》到《經濟學講義》、《貧窮的本質》等，暢銷書排行榜上永遠不缺這個主題的著作。有了這些珠玉在前，薔七為什麼還要再寫一本書來探討這個問題呢？我想，大概是因為她有相當獨特的財富視角。

　　我是做知識產權的整體品牌設計經營的，接觸過各種耳熟能詳的大 V 風格（編注：所謂大 V 是指在新浪、騰訊、網易等微博平台上已獲得個人認證，擁有眾多粉絲的微博客戶，通常指擁有 50 萬以上粉絲者），也服務了不少財經類的老師。我看到的財經類老師無外乎兩種風格：要麼是學院派，從基本的經濟理論講到市場百年變遷歷史，嚴謹得彷彿無形的教尺；要麼是技術派，投資經驗至上，猶如天才的劍，不講太多章法，卻也虎虎生風。而本書作者林薔七則介於這兩種風格之間，獨樹一格。

　　我第一次見她時便覺得她說話簡潔，但並沒有逼人的氣場，完全不像是個帶領著數千名女性成功走上財富之路的領袖，倒像是花園裡的園丁，無論你何時來，她都在辛勤勞作。那麼，這片花園是如何被她呵護得枝繁葉茂的呢？這就得說到她那獨

特的財富視角了。

我們在市面上常看的理財書，無論是學院派還是技術派，探討的最終命題都是如何增長財富。毫無疑問，薔七也具備很強的財經專業知識。但她沒有炫技，而是提出了一個獨特視角「大家追求財富到底是為了什麼？」

「無盡的財富」真的是一生所求嗎？或許根本不是，大部分人終其一生所求的到底是什麼？對此，薔七給出的答案是「自由人生」，我很喜歡她的這個答案。

我見過年利潤超過千萬元（人民幣）、事業有成的老闆，也見過月入 3000 元（人民幣）、收入平平的家庭主婦。他們的眼神或許有的堅毅，有的迷茫，有的閃閃發光，有的滿是愁緒。但是眼神中，你能看到的共通點就是對自由人生的渴望。這也是薔七的獨特之處，她所定義的目標不是「財務自由」，而是「自由人生」。

人生的自由遠比財務的自由更重要。正因如此，薔七才在本書裡提出了她最具影響力的自由人生公式。

自由人生 = 主業 + 副業 + 投資 + 套利 + 個人影響力

看到這個公式你就能明白，林薔七天生就註定不是盲目的財富跟風者，而是和這個世界上大部分的人一樣「不求黃金萬兩，但求自由人生」；也正是這個信念讓薔七與她的諸多讀者們緊密連結在一起。看看薔七，你會看到她過著灑脫的生活，而這份灑脫以財富為基石，卻不帶有金錢的土味。

薔七把自由人生想像成一棵樹的主幹，主業、副業、投資、套利和個人影響力就是樹木的 5 根分枝。

主業

「主業」是擁有自由人生的第一要素。尤其是近幾年的年輕人，常看到滿腔熱血地想要辭掉主業，全心做副業或是投資理財，但我觀察這些人中有九成以上都容易失敗。無論如何，主業通常都是最主要的收入來源。我們要盡可能地從主業中獲得更多的財富。

副業

「經營副業，成為一個斜槓青年，打造第二人生」，這幾年你一定也沒少聽過這個論點吧。方向是對的，但仔細觀察細節：

是做什麼副業？如何選擇副業？你的目標是什麼？許多人都還沒想清楚就貿然開始，最終只好虎頭蛇尾，草草收場。而薔七在這本書裡，把副業作為存下第一桶金、開始投資的工具，設定了一個相當清晰的目標。

投資

投資實在是太重要了，薔七選擇的是最適合普羅大眾的投資方式及投資理念，告訴讀者們如何降低投資風險等。我認為薔七為大家指出了一條低風險的投資之路，而且具有高收益和確定性。這本書的內容簡單易懂且相當實用。

套利

「套利」是一種投資策略，簡單的說就是買低賣高。在眾多投資觀念中，套利可能是最適合新手或是一般人的入門理財方式。以極低的風險確保了本金的安全，長期投資就能帶來確定收益，極低的投資門檻也能讓大部分的人實際得到正回饋。「套利」的概念很少人分享。財經大 V 們往往覺得套利獲利過低，但是一般人或理財新手們學習到套利就能獲益良多，薔七已經帶領過數千學員成功通過套利為自己加薪了。

個人影響力

很少理財或商業書會強調「個人影響力」，也就是個人品牌。但如果我們把自由人生當成追求財富的目標，那麼個人影響力就是很重要環節。在追求自由人生的過程中，如果我們能把過程以有趣的形式分享出來，就能獲得更多的關注和正回饋，讓自己進一步成長，增加複利槓桿，很明顯的，薔七就是這麼做的，並且從中受益。

我在看這本書時，不停地想到將會有千千萬萬的讀者朋友們因此受惠。他們可能和我們一樣都是平凡人，看不懂高深艱澀的理財理論，做不到投資翻數倍的精準投資交易。但是這本書可以幫助他們打開財富之路的大門，這扇門透進來的一點點光，就能讓我們看到：「自由人生之路並非虛構，共同踏上這條路的我們也並不孤獨。」

公眾號「花爺夢囈換酒錢」主理人
花爺

在薔七（我都稱呼她為阿七）從公司離職那年，我們相識。我們的經驗很相似，都是從互聯網公司出走，成為超級個體（編注：超級個體是大陸習慣用語，指一個自由工作者擁有許多技能，可以變現，可長期穩定賺錢者。）只不過我比她先離開互聯網一步，給了她勇氣和前例，她當時加入了我的運營顧問班。

我原本想聘請她成為獨立運營顧問，但與她接觸後，我發現她是那種做什麼事都很容易成功的人，具備很多優秀的素質。

我曾面臨一個靈魂拷問：「假如你做什麼都會成功，你會做什麼呢？」我想我依然會做現在正在做的事，我相信阿七也是。尤其是當這本書即將要出版的當下，我在書稿中看到了她完整且整體的思路，覺得她特別適合做這件事。不只是教大家理財、賺錢，而是她具備了運營和理財的技能，也找到了自己獨一無二的觀點和技能，不但能做自己熱愛且擅長的事，也能同時賦能更多人。

更讓我驚喜的是她從運營顧問班畢業後這幾年，不斷地反覆運算升級自己的方法論及個人品牌定位，如今她已經是一位

全能的個人成長導師了。

她總結出的自由人生公式，真讓人不得不佩服。

自由人生 ＝ 主業 ＋ 副業 ＋ 投資 ＋ 套利 ＋ 個人影響力

很多人終其一生連其中一項都搞不清楚，而她不但能善用自己的底層能力，還把每一項都發揮得淋漓盡致。只要這五點一結合，就能離自由人生更近一步了。

她在書中以中立、先進的視角破除了一些對「財務自由」的陳舊觀點，更能適用於當代。的確，大部分的人都不太可能只靠投資、套利就實現財務自由，全身心投入某一方面都有風險，自由人生也會少了一些體驗和趣味。

她特別在書中與時俱進地加入了「個人影響力」這一項。老一輩的人總不太願意把自己致富、成功的祕訣與大家分享，但如果能像阿七一樣，如實分享自己如何增值、如何提高影響力，如何讓錢更好地產生價值而回饋社會，無形中也能給自己形成「護城河」。

讀者也可以從書中的很多真實案例裡發現阿七為何能成長迅速？她將自己的成長經驗不藏私地如實告知。例如，她總保

有好奇心，善於拆解市面上令人感興趣的模式，再用自己做試驗，獲得最直接的體感，行動力非常強；她以終為始，拆解成功步驟且步步為營、自我驅動力強、目標設定非常明確……

同時，高速成長對心力要求非常高，所以她也非常善於整合支援系統，讓自己隨時獲得能量補給，擺脫精神內耗。

讀完這本書，我獲得滿滿的正能量，相信讀者也都能從中獲益。自由人生，一路前行。人生海海，早日上岸。

獨立運營顧問
《我在阿里做運營》、《自流量創業》作者
運營社群發起人
小馬魚

開始前，先介紹一下我創造財富的時間流程表！

2010 年 10 月，我因超額過度消費，沒錢交房租而提前結束了北漂生活。當時，我躲在被子裡哭過，不甘心就此負債過一生。

2011 年 2 月，我從書中找到了自己經濟狀況糟糕、對人生失去掌控權的原因，也從此開啟了「主業＋副業」同時併行的日子。

2014 年 5 月，我存下了第一個 50 萬元，開始學習投資。

2015 年 6 月，我以零基礎跨行去互聯網公司做營運，進入職場生涯的快速上升期，從員工到成為營運總監只用了一年半的時間。

2018 年 8 月，因為自己有投資交流和更深入學習的需求，我開始第一次與別人合夥創業。同年 10 月，我跳槽去新公司，承擔年營收達 6 億元的業務，管理近 30 人的團隊，薪資翻了 3 倍。

2019 年年底，我的年收入超過了 500 萬元。

2020 年 3 月，我離開了互聯網職場，因為我嚮往更自由的生活，希望能有更多時間陪伴家人，做自己想做的事。

同年 6 月，我註冊了自己的微信公眾號「林薔七」。我寫的第三篇文章「我用 2 年時間，收入翻了 10 倍」被 4 萬人點閱。8 月，我賣掉了創業公司的股份。12 月，我第一次靠投資實現年收入超過百萬元，並且帶領 90 個多人一起體會到了「日收入過萬」的感覺。這給了我很大的底氣，這才有了我第二次的創業。

此後，我一路飛速成長。截至 2023 年 3 月，我同時為 4 家企業和擁有幾 10 萬粉絲的博主提供了營運上的顧問服務，幫助他們找到業務突破點，實現營收增長；有 2000 多人因我的分享而發生改變，實現了收入增長，甚至有人一年收入翻 5 倍，年收入超過百萬元。

> 自由人生 = 主業 + 副業 + 投資 + 套利 + 個人影響力

我總結了以上這個自由人生公式，我在這 5 個面向同時發

11

力，遂實現了個人資產過千萬元。我還把這個公式推廣給了幾萬人。以上就是我這 13 年的成長故事。

我曾在很多場合分享過自己的人生故事，希望能激勵更多和我一樣曾經迷惘的人，尋找出人生的更多可能性，拓寬收入管道，擁有更多的人生選擇權。

我剛從公司辭職時，曾在一個網路平臺為互聯網人提供職場方向選擇、職場晉升、業務增長破局等方面的一對一諮詢服務。那一年我做了 100 多次諮詢，很多客戶都是阿里巴巴、京東、騰訊、網易等互聯網大公司的員工。在為他們提供諮詢服務的過程中，我發現大部分人在選擇下一份工作時都沒有足夠的耐心等待那個既合適又符合自己內心期待的工作，而是草草地選擇一個收入相對滿意的公司就去上班了。我很好奇為何會如此？如果說大部分人是因為收入少、生活壓力大而做出這樣的選擇，但年收入達百萬元的總監級別的人不該也是如此。

後來，我發現導致他們一刻也不敢停的原因是房貸、車貸、必須養孩子老婆、沒工作就沒有其他收入來源等現實問題。雖然他們原本的收入高，但在大城市買房安居帶來的高房貸、昂貴的孩子養育成本、時刻擔心失業的心理狀態使他們無暇考慮

自身發展和內心期望。「35 歲危機」的焦慮感在我們這代人身上尤其明顯，無論是高收入還是低收入群體，都面臨著「只要不工作，生活就要崩潰」的窘境。

我自己也曾遇到過這樣的困境，但我摸索出了方法，搭建了 20 多條收入管道，足以支撐我在任何時候都能隨心所欲地選擇做自己想做的事，拒絕自己不想理會的人和事。我把這些方法完善成了一套實現自由人生的系統，並且希望這套系統能幫助更多人，讓大家都能抵禦人生中的各種風險，實現心中所願，活得既富足又自由。這也是我寫這本書的原因。

13 年前我曾從書中找到了導致自己財務崩潰的原因，獲得了警醒和啟發，但真正探索財富增長的道路還是得靠自己摸索。今天，我將自己如何在 13 年間收入漲了上百倍的方法如實地分享給大家。如果打開本書的你可以從中找到一些實現自己理想生活的方法，有了啟發並付諸行動，那就是我最希望看到的事了。

這本書從發想到完成，經歷了 2 年多。我希望我的分享能讓大家看到一絲曙光，期盼至少能幫助 10 萬人改變認知，擁有更多的人生選擇權，這是我畢生所求。我希望讀到本書的你，

也能成為這十萬分之一。

最後，請允許我再說幾句：

本書分享的是實操性很強的財富增長方法，請務必讀完它，
並挑選一些適合自己的方法去實踐。
如果你看完這本書特別受啟發或受用，也請推薦給身邊最
好的朋友，帶他們一起實現自由人生。

林薔七

〈〈 目錄 〉〉

第 **1** 章　自由人生公式——
實現財富自由的 5 個心法

第 **2** 章　主業提升——
職場晉升心法

第 6 章　個人影響力 ── 無限拓展你的人生寬度

第 7 章　5 年收入翻 10 倍的 核心法則

我的人生故事
「鄉下姑娘如何逆襲致富」

　　因為這本書裡的很多觀念形成與我的故事經歷有關,所以這裡還是和大家先詳述這些經歷,也許你可以從故事中找到一些值得借鑒的地方。

　　我出生於一個只有 3 萬人口的鄉下的小村落,家庭經濟狀況不好。2006 年大學考試失利,進入一所非重點大學的編輯出版專業。大學 4 年間我沉迷於寫作,幫自己賺取學費和生活費。2010 年大學畢業,當其他同學都在考慮該考研究所還是考公務員時,我迫不及待地奔赴北京,開始賺錢養活自己。

　　我的職業成長經歷分為 4 個階段,但財富增長歷程分為 3 個階段,兩條線是並行發展的,具體如圖 0-1 所示。

　　職業成長的 4 個階段如下:

　　2010-2013 年:打雜、探索階段,尚未明確想要從事的工作。

圖 0-1　自由人生目標實現表

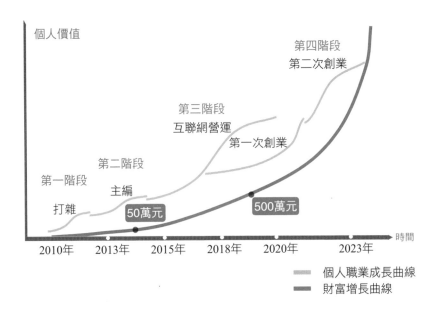

2013−2015 年：沉澱、晉升階段，開始承擔管理團隊的職責。

2015−2020 年：跨行進入互聯網行業階段，在互聯網公司開始加速成長，開啟營運的職業生涯，同時開始第一次創業。

2020 年至今，第二次創業。

財富增長的 3 個階段計畫如下：

2010 － 2015 年：實現第一個 50 萬元。
2016 － 2020 年：實現第一個 500 萬元。
2021 － 2025 年：實現第一個 5000 萬元。

每 5 年我就會幫自己制定一個 5 年計畫。第一個 5 年計畫的目標是擁有 50 萬元存款，已在 2013 年實現了。第二個 5 年計畫的目標是年收入超過 500 萬元，也在 2019 年實現了。第三個 5 年計畫的目標是擁有 5000 萬元資產，這個目標在 2023 年已經實現了。

我的個人職業成長曲線近似於查理斯·漢迪提出的「第二曲線」，我在「第一曲線」衰落之前主動開啟了「第二曲線」。而我的財富增長曲線更像「複利曲線」，剛開始增長緩慢，但到了某個轉機點以後就飛速增長。

21 歲，第一次「金錢失控」

2009 年 7 月，當同班同學還在為尋找實習公司煩惱時，我進入了一家當時在業內排名前 10 的網路文學公司，電視劇《美人心計》的原著小說《未央傾城》就出自我所在的部門。同年，

公司被北京的一家上市公司收購。12 月，我就職的部門搬遷至北京總部，我也跟著去了北京。大學考試的失利讓我對 4 年大學生活耿耿於懷，總覺得自己不屬於那裡，應該去更廣闊的天地。到北京以後，我的傲氣開始滋長。也就是這股傲氣和對文藝的嚮往，讓我的生活在短短 10 個月內就徹底失控了。

北京的一切對於初入大城市的我來說相當新鮮。各國料理、戲劇、party……一切都讓我著迷。

超前消費 a 和每月的高額房租壓得我喘不過氣來。我本以為辭職換一份高薪工作就可以解決困境，但是「裸辭」b 後苦苦撐了 1 個月，發現找到的工作薪水都不如上一份工作。壓死駱駝的最後一根稻草是交房租時發現每個月定投的基金居然虧損了 50%，我只能被迫收拾行李回到南京。

這一段經歷讓我意識到自己和金錢的關係不好，這也是我開始在錢上尋找解決方案的起點。我用「失控」來形容這段時間，對金錢、生活和自我的失控，讓我徹底陷入了物質欲望。

注 a　超前消費是指消費購買的產品或服務超過本身收入，通常指以分期付款、信用卡或貸款等形式進行消費。

注 b　裸辭的意思是在還沒有找到下一份工作的情況下先主動辭職。

如果只看工作我算是成長快速的。2010 年 5 月，我因為不肯妥協於網站原有的古言風格，業績一直在部門中排最後一名。主編因此找我談話，想要勸退我。雖然心裡也焦慮，但我依然堅持自己的看法，逆市場行之，專攻自己選定的方向。3 個月後，我名下作者的作品在線上閱讀基地銷售榜排進前 3 名，業績跨越式成長。

　　現在回憶起這段往事只用一句話就能帶過。但是當時我付出了很多努力：市場調查最受讀者歡迎的選題、故事和橋段，也一字一句地幫助作者改稿，積極維護粉絲等等。也正是這段經歷，我在主管面前留下了專業、可靠的印象。沒想到兩年後公司剛好需要招聘一名主編時，主管推薦了我。

　　回到南京後我開始尋找是導致自己生活失控的原因。在讀完《富爸爸窮爸爸》這本書後，我被其中 3 個觀點觸動了。

　　<u>（1）資產和負債的區別：</u>資產是把錢帶進口袋，而負債是把錢從口袋掏出去。

　　<u>（2）錢不是真正的資產：</u>資產是投資、股票、房地產等。

　　<u>（3）先給予，後獲取：</u>回報往往就是豐厚的。

　　我從書中學習到：理財能力比賺錢能力更重要。於是我開

始有了要認真學習理財的念頭，一開始我預計先從 50 萬本金開始。這個念頭像一棵大樹深深地紮根在我的腦子裡。為了實現這個目標我開始尋找主業以外的賺錢方式，因為我知道以自己當時 1 萬元的月薪，即使不吃不喝也需要 5 年多才有可能實現目標。

2010 年底，我從大眾點評論壇的兩個板塊發現了新的賺錢機會，一個是「食在南京部落」，另一個是「南京贈品部落」。這兩個論壇資訊讓我可以不花錢吃美食，免費用名牌保養品，既能幫助我實現我想要的生活方式，還能讓我透過賣保養品、順便幫商家推廣來賺點錢。（具體的方法請閱讀本書 p135。）

出自於對護膚產品的興趣，我沉迷於各大品牌的市場推廣活動，瞭解不同的產品線、每年不同單品的推廣週期、各種推廣活動及合作平臺。正因為這些詳細的研究，我得到了一家國產保養品公司的工作邀約。雖然對方給我的職責是製作公司內刊，但我主動承擔了公司自媒體帳號建立和市場推廣的工作，這也給了我接觸時尚論壇和保養品博主的機會。

市場推廣的工作短期來看是讓我也成為保養品博主的機會，我藉此接了廣告，賺到副業收入；長期來看更是提升了我關於自媒體的觸覺和市場推廣能力，這些能力在 2015 年我入職蘇寧

易購做營運和 2018 年入職新公司接管自媒體部門時都對我幫助頗大。

24 歲，第一次承擔管理工作

2013 年 3 月，我接受了第一家公司領導的推薦，回去擔任主編一職，負責女性頻道的整體方向規劃和團隊管理工作。那時候我還很稚嫩，第一次承擔管理工作，既不會討好上級，也不知該如何為下屬爭取利益。我唯一的想法是要幹就得幹出點成績來，所以在專業領域深耕，用自己對文字的敏銳嗅覺挖掘和培養出有潛力的作者。

或許是從事寫作的工作時間太久了，業務上可以駕輕就熟。後來我每天只需要工作 3 小時就能完成主要工作。入職兩年我在公司取得了不錯的成績。工作對我來說是游刃有餘的，我有很多時間可以用於研究副業。正是在這個階段我存下了第一個 50 萬元。

這家公司給了我充分的空間，我可以完全自主決定頻道的內容走向和營運思路。我把在保養品市場推廣上的一些經驗用到頻道的營運規劃中，建立志願者團隊、經營粉絲、策劃網路

活動等。

2015 年我決定更換職場跑道，離開當時已經得心應手的崗位，轉而進入互聯網公司。讓我決定離開舒適區的原因有以下 3 個。

（1）隨著智慧手機的普及，流量從 PC 端轉向手機端，而我所在的公司在未來的流量爭奪戰中一定會逐漸失去競爭優勢。對我來說更好的方向是換一家做手機 App 的公司，熟悉新的技術。

（2）我更喜歡互聯網公司開放、簡單和直接的人際關係，也喜歡單純做事的氛圍。

（3）在經歷了兩年多的成長後，我發現在原公司能學到的新東西越來越少，而且我當時的職位也沒機會再往上升了，這並不是我想要的，我還想追求新的挑戰和高速成長。

我瞄準了當年南京最大的一家互聯網公司 —— 蘇寧易購。當時我想成為一名產品經理。但是產品經理需要懂技術語言，我尚沒有這方面的經驗。於是我把目標轉向了營運崗位，作為我轉型為產品經理的跳板。

現在回頭看這個決定其實改變了我職業生涯的走向，也讓我進入了高速成長期。

26 歲，在互聯網公司中鍛練基本功

2015 年，我在蘇寧易購開啟了營運職業生涯，也在這一年踏上了投資學習之路。入職 2 個月後，蘇寧易購和阿里巴巴宣佈達成戰略合作互相入股，公司股價翻倍，創下歷史最高價 23.14 元／股。我幸運地在蘇寧發展最快速的時期乘上東風。

我最初的工作是負責蘇寧閱讀 App 網路發文內容營運，挑選合適的內容推薦給使用者，並做客戶喜好的數據分析，提高網路發文客戶的閱讀量。這個工作剛好能用到我以前的工作經驗。推薦內容的工作對我來說不難，所以入職 3 個月內我所負責的網文閱讀量就提升了 50%。我覺得困難的是資料分析、提出產品需求、電商活動策劃等我完全沒接觸過的業務。

後來總監才告知我當時為什麼肯給毫無營運經驗的我這個機會，並在副總裁不批准的狀況下願意再三為我爭取我想要的薪資。她說因為面試當下我問了一句話：「蘇寧作為電商公司，是否是認真想做閱讀產品？如果不是，那可能就不適合我。」

這讓她知道我是真的熱愛閱讀這個行業。當時的我連什麼是營運都不知道,更不會想到多年後自己會靠營運工作第一次實現年收入過 500 萬元。

剛到蘇寧易購的前 3 個月我是既痛苦又欣喜的。痛苦的是每天都在學習新的東西,包括資料分析、產品語言、活動頁面建立、海報設計、產品需求撰寫,以及複雜的營運後臺、公司流程等,每一項對我來說都是全新的挑戰。欣喜的是天天都有接受新挑戰的感覺。

入職第 3 個月時,我遇到了營運職業生涯的第一個嚴峻挑戰。半個月內,我所在營運部的主管和同事們相繼跳槽,當時還是新人的我承擔了 5 人份的工作量。這個突發狀況讓我措手不及,我甚至想過要不要也跳槽,但最終還是堅持了下來。那段時間的強大壓力甚至讓我出現了抑鬱傾向,但也是那時候我找到了與上級的相處之道以及更高效的工作方法。於是職位快速上升,半年多就升任經理,一年半升任營運總監。

我在「使用者轉化」和「資料分析」這兩項技能上變得越來越成熟;可以從某項業務中抽絲剝繭找到破局點,提升客戶轉化率。例如在 2018 年的「618 購物節」期間,我帶領團隊將

頻道頁面的付費轉化率從 7% 提升至 14%，我們部門也在 20 多個部門中拿到了業績第一。

在互聯網行業中，新的資訊和機會太多，對於如何實現高速成長，我總結了以下 3 點：

（1）在新環境中盡力把自己過去學到的技能運用並實踐，轉化為可用的新技能。

（2）進入一個新行業後儘快掌握其核心技能，可以幫助你在這個行業裏安身立命。對我來說，有了客戶轉化這項技能，我才能在後面的創業中一再得到理想的成果。

（3）掌握了核心技能後，想要快速成長的方法就是主動負責一些需要多部門協作的專案，推動項目的過程中可以鍛鍊思維全面、專案管理與溝通能力。

加班之餘，我也沒有荒廢回家後學習投資。因為對我來說，學習投資是我相當熱愛的事。我在學習中接觸到更多厲害的前輩們，也在市場中驗證自己的學習，這個過程讓我著迷。

也許是運氣好，我開始學習投資時雖然錯過了 2015 年 6 月的大牛市，但入場時機剛好是牛市過後市場平淡無波的時候。

在新手階段，我熱衷於投資業績優良的「績優股」，2017～2018年的績優股牛市讓我實現了 30% 以上的年化收益。

2018 年 6 月，做完「618 購物節」大促、準備好「818 購物節」促銷方案後，我提了離職。因為我看到了自己在蘇寧這家公司的天花板，我需要新的成長和挑戰。

在蘇寧的 3 年，我經歷過部門的兩次變革，我們團隊有許多人選擇了轉到新部門或跳槽，但是我留了下來。因為我想利用公司的平臺提升自己的能力，盡快成長為可獨當一面的全面營運人才。如果沒有這 3 年的穩紮穩打，或許我現在也是陷入中年危機的一員。不管從事什麼工作，我都建議至少沉澱 3 年時間，才有可能對所在行業有比較深入的瞭解，朝著專家的方向走下去。在職場中，「專」比「多」更重要。

29 歲，第一次創業的經驗奠定

2018 年 8 月，一次偶然的聊天促成了我的第一次創業。我們幾個一起學投資的同學在交流中發現，大家學習後都各自在股市中沉浮，沒有人可以一起交流，也沒有地方分享經驗。為了滿足有同樣需求的人，我們一拍即合，創立了一個社群。我

們邀請了一位投資機構的研究專業人員加入，以他為內容輸出中心，定期分享投資知識。

創業不易，兼職創業更不簡單。我們不僅面臨各自都有主業工作、時間不夠的問題，還要應對開發客戶、營運、客戶留存資料、內容呈現等問題，一點點摸索著前進。為了節省營運成本，我們現學了很多新技能。

在這次創業過程中，我更增進了自己的投資知識，也學會了如何營運社群、如何維護種子客戶，更瞭解了創業過程中有哪些可能會踩的「雷」，這些經驗為我第二次獨自創業奠定了基礎。過程中我學到了很多專業投資機構的投資方法。

離開蘇寧購物後，我想尋找一個更大的、可以充分發揮的平臺，於是來到上海。新公司給了我 3 倍的薪水和團隊規模，也給了我足夠的信任，讓我可以根據自己的想法擴展業務。在這家公司我體會到了光速成長的快樂。如果說我在前 3 個階段都還是聚焦在某專案的業務能力和執行力提升，那麼這個階段的成長已經升級到了商業認知和高品質的思考決策層面了。

這個階段，有三個面向我認為是並行成長的。

一、承擔年營收高達數億元的產品營運工作。 不論是客戶

價值的提升、新商業模式的探索、內外資源的統籌，還是向上、向下、平級的管理，對我來說都是全新的挑戰。我也同時在網路平臺學習高階營運課程，然後在工作中不斷地反覆驗證自己的方法論。過程中我花了 2 年的時間學會了克制「覺得團隊成員都做得不如我，凡事非得自己上手」這個衝動，我開始學習賦能於團隊。

二、從 0 到 1，再從 1 到 100。 之前兼職創業的公司需要解決使用者從哪裡來、提供哪些更有用的產品、怎樣留住使用者並讓其自傳播、如何實現從 0 到 1 的破局和從 1 到 100 的快速突進，以及如何分配團隊的股權結構、怎樣分潤才能達成平衡狀態等問題。

三、建構自我投資方法。 在學習投資時，近距離接觸了很多前輩並吸收他們不同的投資思路，融會形成了自己的投資框架。2018～2020 年，我經歷了股市的多次黑天鵝事件，認識了可轉債、基金套利、港股新股申購抽籤等，當時賺錢效應極強的投資方法，以及風險與機會並存的市場環境，極大程度地鍛鍊了自己的心性。

這三方面的成長為我的職場人生帶來重大改變，也是我財

富曲線的轉折點。

2019 年我在業務和人際關係上的努力，讓我管理的部門從最邊緣成了最受到重視的，當然也表現在收入上。同年，我們創業的項目在第一年營收突破 200 萬元，可轉債和港股新股申購抽籤市場也在這時開啟牛市。當年我的年收突破了 500 萬元。

回頭看這兩年，一開始很辛苦，我以為無法承擔幾億元規模的業務和 20 ～ 30 人的團隊管理，還有創業初期網站沒流量、沒錢也沒資源，我焦慮得每天睡不著覺。幸好我從未想過要放棄，我的個性屬於迎難而上、越戰越勇的那一種。對我來說，這是一個不斷思考和充實自己知識的過程。也正是這兩年撕裂般的成長，我逐漸建立起一套關於產品、營運、管理、商業的完整方法論，並在實踐中積累了強大的自信。

我也從此時開始變得更理性而果敢，心志堅定方面也有極大的變化。（關於如何擺脫精神內耗、提升心志，請閱讀第 7 章。）所以 31 歲時，我迎來人生的第二次創業，實現財務自由和社交自由。

從 2020 年 3 月～ 2023 年 3 月整整 3 年間，我的財富可以說是以幾何級數成長。我變得更自信了，因為我發現自己在職場

鍛鍊出來的營運技能、職場能力，可以幫助很多身陷困境的公司或個人。我也越來越感到從容自在，花更多時間在投資自我的探索上，「錢」雖然不是萬能的，但給了我足夠的底氣，可以向內探索清楚自己是什麼樣的人、想成為什麼樣的人、能帶給別人什麼價值、有什麼樣的使命，這些變化都是心理能清晰感知的。簡而言之，我越來越清楚自己要的是什麼？想成為怎樣的人。

辭職後我的生活更自由、精彩，我轉而踏上了知識付費之路。第一次付費課程就是我最喜歡的小馬魚老師，也正是她引領我走上了企業營運顧問之路，讓我看到了自己多年前曾經憧憬的自由生活方式是可以實現的。

我在離職後這一年裡結識了非常多的自由職業者和創業家，看到各式各樣的人生樣本，也更堅定了自己從公司辭職時做的決定 —— 不再回到職場。

與其說是因為前兩年的忙碌生活讓我完全沒有個人時間而覺得丟失了自己而辭職，不如說是因為感受到了自己內心一直被壓抑的、對自由的渴望而辭職。也是厭倦了每天朝九晚十二的職場生活，不想讓我的人生再被別人左右。

當然，最主要是因為副業和投資收入遠超過了主業收入，給了我足夠的底氣，我徹底地讓自己自由了。我花了一年時間去世界各地旅行。去沙漠看星辰、去島嶼看大海、去古鎮看老宅、去酒莊看釀酒，飛了 1600 公里只為了和朋友喝下午茶、直播結束立馬收拾行李自駕 2000 公里去四川西部……更多的快樂來源在於：不想理的人可以不理、不想收的學生可以不收、不想做的事情可以不做、不想見的人可以不見，如此享受「社交自由」的感覺實在是太棒了！<u>遵從內心的生活，是滋養自己最好的養份。</u>

　　從事自由職業的 3 年裡，除了生活方式上的大改變，我也開始第二次創業。辭職之初，我在營運和理財教育兩者之間更傾向於前者。但後來在一些偶然的場合下我分享了自己對於投資的看法和見解，吸引了一批種子客戶，並且幫助他們在港股新股申購抽籤上賺到了第一桶金。而這些種子客戶的口碑傳播又給我帶來了越來越多的客戶，我和學員們分享正確的投資方法和觀念，滿足職場成長、副業尋找、套利收入、個人品牌打造等。

　　我看到上千的學員因為我的這套人生系統實現了收入翻 2

倍、3 倍、5 倍甚至 10 倍。我發現單一方向的成長並不足以支撐大家實現自己的人生目標，必須綜合經營自己才能真的財務自由、人生自由。有一些學員因為改變了對待工作的態度，學會了業務彙報和向上管理，而得以升職加薪；有些人因為有了主業以外的業外收入，讓伴侶看到了自己在投資上的學習成果，進而一起學習；有些人因為開啟副業和打造個人品牌，賺到了人生的第一桶金；還有些人因為有了副業和套利收入而財務自由，開始追尋自己熱愛的生活或事業……

以上就是我過去 13 年的職業生涯和財富增長歷程。在本書的章節中會詳細講述我在主業、副業、投資、套利、個人影響力和實現人生目標上所使用的方法，希望我的故事也能帶給你一些啟發。

※ 若無特別標示者，本書所述的貨幣單位均已換算成新台幣（為了整數計算，單位人民幣 1 元約換算新台幣 5 元）。

第 **1** 章

自由人生公式——
實現財富自由的 5 個心法

真正的自由和你想的不一樣

走到人生的某個階段時，我決心要成為一個富有之人。這並不是因為愛錢的緣故，而是為了追求那種獨立自主的感覺。我喜歡能夠自由地說出自己的想法，而不是受到他人意志的左右。

——查理·芒格

• • •

我經常聽到有人抱怨：「我週末也想帶老婆孩子出去玩，但實在太忙了，好希望可以想休息就休息」、「我現在這麼焦慮，不能過自己想要的生活，都是因為薪水太低、生活成本太高」、「我不喜歡我的工作，但又無法爽快離職，如果哪天可以實現財富自由就好了。」

大部分的人把不能按照自己的意願生活歸結為「因為沒有實現財富自由、我的錢還不夠多」。但其實大部分人都陷入了一個思維誤區：有錢＝自由。

所謂「自由」應該是指時間上而非金錢上。我也曾和大多數上班族一樣，生活在糟糕的生活循環裡：早上被鬧鐘叫醒，8 點半到公司開始做一天的計畫，9 點開始參加一個接一個的會議，如果哪天沒有會議，那天一定是不正常的。

這樣的生活模式讓我幾乎沒有時間思考，每天都匆匆忙忙，大部分的時間都花在解決問題和應對突發狀況上。晚上 10 點帶著滿身疲憊搭車回家，腦子卻依然在想工作的事情。我不敢生病、不敢請假，休息一天意味著後面會有加倍的工作。

但我現在的生活就完全不一樣。我早上 8 點起床，閱讀一下昨晚的財經資訊，思考今天是否需要進行交易操作，如果需要就在 9 點 15 分前做好決策，10 點享用一頓健康的早餐。我有時間閱讀、思考和寫作，每天可以陪家人吃午飯，下午一起去健身房鍛鍊一個小時，下午 5 點再回來工作。

每一周我都會留出思考、與朋友交流、水療（SPA），以及幫學員解決職場、投資、副業等問題的時間。每兩個月我都會

安排至少一周的時間和家人去旅行。我也會騰出一些時間關掉微信、不帶手機，讓自己不受干擾地沉浸於當下的生活，始終保持對生活的期盼和熱情。

比財富自由更重要的是，我們明確地知道自己想要以哪種方式、和誰在一起、過怎樣的生活。很多人都誤認為一定非得擁有幾千萬甚至上億元的資產才能稱得上實現財富自由，認為只有到那時候才能放下手中忙碌的工作去享受退休生活。但事實並非如此，許多資產上億元的企業家更難從工作中抽身，去享受絕對的自由，甚至比正在閱讀這本書的你更忙碌。

對於自由，我有一些新觀點是在實現自由人生狀態之前未曾想到的。

（1）財富自由不是生活的目的，時間自由和社交自由才是我們想要的。

正如本節一開頭提到的查理・芒格的那句話，我們追求的是獨立自主、不受他人意志左右的生活，以及對自我時間的完全掌控權。我們至少可以不用為了錢出賣自己的時間，不用為了錢而去應付不想應付的人。

（2）選擇越多，就會越自由。

大部分人對自由和財富的追求都源自於安全感的匱乏。這種匱乏可能是生活的不確定性帶來的，也可能是選擇太少、沒有後退的餘地。當我們給自己創造的選擇越多時，我們就會越自由。正如你的收入管道越多，你的選擇空間就越大，就不必違心做事。

（3）你並不需要有那麼多錢，你需要的是讓錢為你贏回時間。

金錢只是我們實現自由人生的工具，它能帶我們去想去的地方，卻無法告訴我們該如何生活。它可以幫我們贏回充裕的時間，讓我們專注於自己最想做的事情。而捷徑就是找位合適的指導，在幾個月內學習他 10 年、20 年積累的知識和經驗，並吸收、內化成自己的能力。

此外，有些高收益的投資專案並不需要花費多少時間，一旦你瞭解了它們，錢就會從四面八方來。當然，善用槓桿也是實現自由的有效手段。

（4）若不會投資，財富自由只是曇花一現的美夢一場。

大部分人忽視了生活成本會隨著時間和賺錢能力的增長膨脹，也就是通膨，是對我們長期保持財富自由狀態的最大威脅。

財富自由分為以下三個階段：

第一階段：被動收入大於最低生活開支。

第二階段：被動收入大於當下的生活支出。

第三階段：被動收入足以支付我們夢想中的生活。

錢賺得越多，花得也會越多，因為你的生活品質通常也會提升，例如現在是開 50 萬元的代步車就滿足了。但當你賺很多錢時，或許就想升級到 150 萬元的車。

如果被動收入少於生活支出，在生活成本膨脹的同時，本金也會損失。就像蓄水池一樣，進水少而出水多，總有一天錢會流光，所謂的財富自由便成了一場美夢。所以，我們在走向財富自由的過程中，要麼努力保持支出不變，要麼努力提高自己的投資能力。

我常對學員說，希望他們邁向自由而富足的人生。富有是有錢，富足則是有時間。大部分人不敢想，是因為他們限制了自己的思維。只要敢想，就能做到。前提是你得先百分之百地相信這一點。

在閱讀本書後面的內容之前，我希望你先給自己一個積極的心理暗示：「我一定可以過上自由而富足的人生！」

第 **2** 節

5 個技能，破除人生卡點

人真正需要的不是沒有壓力的生活狀態，而是為了自
己自由選擇的、值得的目標而努力和奮鬥的狀態。

——維克多・弗蘭克爾[a]

・・・

　　過去 3 年，我走過了 20 多個地方，認識了很多生活方式超
乎我們想像的人。越來越多的人選擇自由職業，把時間花在自
己身上，做自己熱愛的事情，換回了更多的財富。

注 a　著名心理學家，《活出生命的意義》的作者。

生活本就不必如此艱辛。大部分人，包括過去的我，總是試圖說服自己生活本就是如此，用朝九晚五的辛苦工作換回短暫的週末和假期，還要冒著隨時被解雇的風險並面臨一定會到來的中年危機。

但是，最近 3 年的經歷讓我意識到還有其他更快樂的活法。這 3 年我四處走走，卻擁有了過去 10 年連自己都未曾想過的財富，有了熱愛的事業、說走就走的旅行和社交自由的權利。我可以用在上班時一半的工作時間獲得比上班時多幾倍的收入。提摩西・費里斯在其著作《每週工作 4 小時》[b] 中寫道：「選擇和選擇的權利才真正具有力量。」

如何付出最小的努力和代價獲得更多的人生選擇權，這是我想在本書中探討的問題。大多數時候，選擇權對應的是足夠的財富。我們不得不承認，金錢能給我們帶來生活、人生選擇，甚至是人際關係上的底氣。

如果擁有足夠的金錢，你就可以在面對不喜歡的工作時勇敢推辭，不用顧及連續幾個月找不到工作時沒錢交房租；在面

注 b　提摩西・費里斯（Timothy FerrissT），美國一暢銷作家、健身專家和烹飪高手。他的成名作《一週工作 4 小時》已被翻譯成 35 種語言。

對不喜歡的客戶時，你就可以不必委曲求全地討好他們。選擇權的意義不僅是可以自由地選擇自己所愛的人和事，還可以有遠離不喜歡的人和事的底氣。

那麼，如何讓更多的金錢支撐我們擁有更多的人生選擇權呢？我總結了一套自由人生公式。

> 自由人生 ＝ 主業 ＋ 副業 ＋ 投資 ＋ 套利 ＋ 個人影響力

＋主業

主業是指我們花費時間最多且能提供主要收入來源的工作。本書提及的主業主要是指大部分人的唯一收入來源 —— 通常是在公司工作的薪水。

第一個讓我突破 500 萬元收入門檻的是主業，我用了 9 年時間讓我的月薪從 1 萬多成長到年收入超過 500 萬元。即使花了 9 年這麼長的時間，也比許多同齡人要快很多，但我在這個過程中付出了多少努力是旁人無法想像的。

我曾通宵加班，走出公司大門後甚至有點恍惚，想不起來

當天到底是幾月幾日；也曾在接受新職位的挑戰後，為了找到實現目標的新思路而學習到凌晨 3 點。

我並不建議大家像我一樣以健康為代價而拼命工作，換取職場中更多的機會和收入。如果時間可以倒流，我寧願少花點時間在加班上，多花點時間在提升個人能力和打造職場影響力上。這些才是可跟隨著自己，並能在未來持續產生複利的東西。

當然，在職場中向上發展，換取更高的收入，還是有方法的。我從自己 9 年的經歷中總結了一些方法分享給大家。

（1）從人生目標出發，以終為始地思考自己的工作方向。「熱愛」才是能在一個方向上深耕並獲得卓越成果的前提條件。

（2）把公司當作自己拓寬視野和提升能力的平臺，讓自己成為該領域的專家，建立自己的職場影響力。

（3）借工作鍛鍊自己的思維方式，如槓桿思維、擊球手思維、共贏思維等，這些都是可以應用在其他事情上的底層思維。

（4）勇敢、果斷，給自己設定更高的目標而且不留退路。

　　一旦你暗示自己可以接受備選方案，通常事情就果真朝這個方向發展了。

　　或許大部分人終其一生都很難實現主業年收入過 500 萬元，但只要做到以上幾點，要實現 120 萬元甚至 200 萬元以上的年收入還是有很大可能性的。我會後面在第 2 章中詳細說明如何在職場中做到以上幾點。

　　一旦你開始相信，目標達成的速度可能會比你預想的要快得多。西元 2022 年 2 月，我曾在給一位學員的祝福中寫道：2023 年，你會實現年入 500 萬元。只要你相信，就會看到。她原本是不信的，當時她的主業和副業收入加起來才不到 8 萬／月。但是，在我們的共同努力下，她開始堅定地相信自己真的可以做到。結果在 2022 年底，她真的實現了 500 萬元的年收入。

＋副業

　　如果想更快實現人生目標，擁有更多的財富，副業和主業雙管齊下是更快的路徑。

　　我 14 歲時就開始探索副業之路。但那時主業是上學，對於副業也沒有概念，只是單純地想多賺一些生活費，可以買自己

喜歡的書。上大學時我用副業賺了自己大學 4 年所需的生活費和學費。

職場上真正有意義的副業，應該是從 22 歲開始。那時畢業剛滿一年，薪水只有 10000 元 / 月。為了可以更快地存下用於投資的第一桶金 50 萬元，我開啟了美妝博主的副業。只花了 2 年我的副業收入就超過了當時的主業收入。

後來的十幾年間，我做過很多副業，如美妝博主、淘寶代購、寫手、營運顧問、大學生簡歷輔導、理財訓練營班主任、線上課程開發等。副業收入和主業收入一樣不停地增長，從最初單純靠時間換收入的模式到後來的兼職創業拿分紅的模式，再到組建團隊、透過自運轉系統獲得收入，最終我的副業年收入也能輕鬆過百萬元。

副業對於我的意義不僅是拓寬了收入邊界，更多是在主業發展到達天花板之前，創造了第二曲線甚至第三曲線的可能。

身處職場，尤其是互聯網[c]這樣的行業，「35 歲危機」幾

注 c 　互聯網廣義是指網際網路，融合於經濟社會產業各領域中，提高創新力及生產力，形成全新生活方式、商業模式及生產方式；例如互聯網＋交通：計程車的 App 等、互聯網＋零售：網路購物、互聯網＋金融支付：行動支付……

乎可說是一個無法消除的魔咒。互聯網公司的工作普遍節奏快、加班多，從業者必須具備更強的靈活性和創新性，只有這樣才能引領行業的發展。大部分互聯網公司更願意招聘思維靈活、體力和精力都旺盛的年輕人。那麼，年紀稍大的人怎麼辦呢？如果到了 35 歲還沒有升到管理層，基本就只能面臨被淘汰的命運了。

所以發展副業，幾乎是每一位互聯網人在 30 歲時就迫切需要考慮的問題。但最近幾年，人們逐漸發現無論哪個行業都有非常強烈的不確定性，有時工作說沒就沒了，副業也成了大部分人不得不考慮的事。畢竟，多一份收入就多一點確定性。當然，如果你能更早開始，選擇就會多一些。

在副業方面，我想跟大家分享以下幾點建議。

（1）盡可能地搭建出更多收入管道，提升面對人生意外的抗風險能力。

（2）在你擅長的事、熱愛的事、賺錢的事、對別人有價值的事中尋找四者交匯的「甜蜜點」，把副業發展成可終生從事的事業。

（3）從自身需求出發，找到可以滿足該需求的解決方案，

再銷售給目標客戶。

（4）讓你的時間更值錢，從「賣時間」模式轉變成「賣系統」
模式。

（5）堅持學習和研究，以不變的內在核心應對千變萬化的
市場。

副業的收入上限往往比主業高。做好副業，在不確定性中
找到確定性，是我們每個人都需要做的事情。

接下來我和大家詳細說說我是如何找到自己的副業方向，
如何開始副業，以及怎樣讓自己的時間更值錢。

＋投資

我認為「投資可能是每個人這輩子的最後一份職業。無論
你是靠主業還是靠副業賺到了錢，最終都想要實現「錢生錢」、
「躺賺」的狀態。我所說的最後一份職業不是到最後才做的事，
而是你這一生需要持續做的事。

大部分人都希望實現財富自由。什麼樣的狀態算實現了財
富自由呢？就是你的被動收入大於你的支出。什麼是「被動收

入」呢？被動收入是指你不需要花費時間和精力就能自動獲得的收入，像是房租、股票收益、基金分紅等。如果你想實現不上班、不看主管臉色、睡到自然醒，還能有錢花的人生狀態，建議你儘早開始學習投資。

我最早開始想學習投資是在 22 歲時，但我整整過了 3 年才開始學習，就是因為陷入了一個思維誤區：我以為要有了 50 萬元才可以開始學投資。大多數人都會陷入這個誤區，認為必須先有錢才能學投資，不然學了也沒錢買理財產品。

這個想法是極其錯誤的。為什麼這麼說？

第一，要做好投資是一件很難的事情，它需要終身學習。投資市場中聚集著我國甚至全世界最聰明的大腦，大部分的基金經理、研究員等都是名校畢業的聰明人。所以你覺得自己只要學習幾個月就能獲得 10% 以上的高收益嗎？

第二，想學好投資就需要不斷地試錯，在交易中不斷修正自己的投資邏輯和不良心態。錢越少，你的試錯成本越低。假設你有了 500 萬元以後才開始學習，一個失誤可能就導致 50% 以上的虧損，那麼你失誤一次就可能損失 250 萬元。當你只有 5 萬元時，即使虧損 50% 也只損失 25000 元，心理上會好受一些。

我曾見過很多靠創業賺了幾百萬元的人不學習而貿然投資，把錢虧光後再也不敢踏入投資市場。投資這件事不是唯時間和經驗論，而是你的認知能力越強，收益才會越大。

第三，投資學習中建立的思維可以讓你受益一生。我是文科畢業生，寫了多年小說，還從事了幾年編輯工作，按理說應該是非常感性的人。但是「營運、投資、創業」都需要非常強的理性思維和果斷的決策能力。我的學員小羊車曾說：「阿七老師是我見過唯一一個把感性和理性融合得這麼好的人。」

在為人處事上用感性思維，與他人共情、共贏；在工作和投資方面用理性思維，行動果斷、不拖泥帶水；在企業營運方面，用投資中學到的方法去分析行業、分析公司，找到業務增長的破局點。這些都是 9 年累積下來投資學習和實踐帶給我的。

這些年的投資經歷帶給我的不僅有思維和能力上的成長，還有金錢上的回報。西元 2020 年，我實現了投資年收入超過 500 萬元的目標。所以，如果時間和條件允許，我建議你儘早開始學習投資。

＋套利

西元 2020 年，我把套利加入了自由人生公式中。這是我在那一年才接觸到的新概念。我理解的**套利是基於對規則的解讀，發現低買高賣的機會，並在規則允許的前提下一買一賣，獲得確定性的收益**。它和透過投資而獲得收益的區別在於，是否有確定性。

套利與投資、副業之間不是相互獨立的關係，它們之間有交會點。各種新發行證券產品的「新股申購抽籤」，包括 A 股新股申購抽籤、新發行可轉換公司債、投資不動產投資信託基金（Real Estate Investment Trust，REITs）、港股新股申購抽籤等，既屬於投資，也屬於套利的範圍。

舉一個比較容易理解的例子，你在工作之餘開了一家雜貨鋪。某天，你在和同行聊天時發現他的進貨價比你的高 30%。於是你答應供貨給他，比他現有的價格低 10%。這樣你就可以從供應商和同行之間的一買一賣中賺取 20% 的差價。這就屬於「套利」，也是副業的延伸。

生活中也同樣存在很多套利的機會。例如，你手中投資了房產，又投資了股票。當房價下跌、股市繁榮時，你把房子賣

了，用賣房子的錢買了股票，這就是典型的套利。

套利是行為金融學中的一個重要概念。從理論上說，套利應該是零成本、零風險、正收益的，被稱為「理論套利」。在現實生活中，同時滿足以上三個條件的機會極少，通常是滿足零成本和正收益，風險趨近於零但不等於零。所以，現實中的套利也被稱為「有限套利」。

我把套利的重要性提高到與投資、主業、副業一樣，有兩方面原因：一是嘗到了套利的甜頭，從 2020 年開始，我每年在套利上的收入都能在六～七位數以上；二是增強信心，套利收入讓我在面對金融市場波動時還能夠處之泰然。

從 2021 年開始，我開始花更多時間去尋找零風險、低成本甚至零成本的套利方式並教導我的學員們，幫助他們在薪水之外獲得更多收入。我會在第 5 章詳細介紹套利的方法。

大部分人剛接觸這個概念時都不會相信有如此輕鬆的賺錢方式，我的學員小 Y 也是其中的一員。兩年前他剛認識我時是抱著「反正學費不貴，不妨試一試」的心態來學習的。現在他已經可以每個工作日只花 2 小時，每年可多賺 100 萬元了。

＋個人影響力

個人影響力是最後一個被我加入自由人生公式的元素，但也是最高天花板，複利效應最顯著的一個。個人影響力可以為主業、副業、套利和投資加分，這是什麼意思呢？

在主業上，主管願意信任你，給你重要的機會和責任；同事覺得你可靠，一起合作專案時非常順利。在副業上，客戶認為你是良心商家，願意給你訂單，找你合作。在套利上，一些實物套利出貨時，對方信任你，願意提前付款，給出比市場行情高一點的價格。

在投資上，家人不用天天擔心你是否會陷入金融騙局，父母願意出資金讓你學習和實踐。此外，你對外展示的人格魅力和專業能力可以給你帶來眾多的跟隨者和合作機會，讓你的收入不斷突破新高。

你可以說這些是我的推論而已，但其實都真實地發生在我的生活中。10 年前的我也萬萬想不到個人影響力竟如此重要。

我在 2020 年辭職後就開始做自己的個人品牌，一個人單打獨鬥。那年 11 月，我給自己定了一個目標，「幫助 1000 人邁

出理財第一步」。好的口碑和準時到位的產品交付讓我在第一年便實現了營收達到 600 萬元，這是我之前想都不敢想的事。

隨著個人影響力的擴大，我的目標變成了「幫助 10000 人過更有底氣的生活。」投資理財不再是唯一途徑，我更想做的是讓自己歸納整理的這套理想生活的人生系統理論能幫助更多人。

我把自由人生公式的 5 個面向當作 5 項需要點亮的技能。可以把它想像成一棵樹，主幹是自己想實現的自由人生，主業、副業、投資、套利和個人影響力就是從主幹分出去的 5 根主枝。要想讓每一根主枝發育得好，長得枝繁葉茂，我們就要提供陽光、雨露、風和營養。投入時間和精力，讓主枝開花結果，我們追求的財富和自由人生就會實現。

假設把每根主枝開花結果當作 100 分，你可以給當下的自己打幾分？距離 100 分還有多遠，代表你就有多大的成長空間。

分數不高也沒關係，放輕鬆，和我一起打開新世界的大門，開啟一段追求新知之旅吧！

如果你剛開始進入職場，比較迷惘，不知道自己喜歡什麼，不知道自己想做什麼；或是你剛結婚生孩子，生活開支一下子

因為孩子的到來而較為拮据；如果你工作了 10 年，面臨孩子升學需要買學區房的壓力和職場提升的天花板，找不到進一步提高收入的有效途徑，都不妨仔細閱讀這本書，它將是你今年送給自己的最好禮物！

在這一節的最後，我準備了一張自由人生公式中 5 個技能的目標表格（見表 1－1），用來幫助你找出和實現目標。初步先填好，等你閱讀到第 7 章後時再回顧最初填寫的內容，做好複盤並反覆運算。

表 1- 1　自由人生目標實現表

人生技能	想達成的狀態	達成狀態需完成的目標 (資料化)
主業		
副業		
投資		
套利		
個人影響力		

利用「資訊差」和「認知差」
提升賺錢能力

錢經常能解決我們生活中的大部分問題。在重要的人生關卡上，我們是否具備「選擇自由」的底氣與我們的賺錢能力密切相關。而「資訊差」和「認知差」是決定我們在賺錢能力上能否能贏過其他人的關鍵。

何謂「資訊差」和「認知差」？

資訊差就是指的是資訊的不對稱、落差，包括時間差 [d]、途徑差 [e]、資源差 [f]。在買賣活動中，買賣雙方掌握的資訊不同。掌握資訊較多的一方佔據更有利的位置，可以獲取更多的利益。而掌握資訊較少的一方，付出的成本則會更高。

利用資訊差賺錢，就是利用資訊的不對稱成為掌握資訊較多的一方，在賺錢這件事上掌握主動權，進行低買高賣。例如，

注 d　時間差即你比別人知道得更早。很多賺錢機會有窗口期，早知道的就多賺錢，晚知道的就少賺錢。
注 e　途徑差即你比他人有更優質的途徑、管道等。
注 f　資源差即你有而別人沒有的能促成賺錢機會達成的人際關係、本金、供應鏈等資源。

一頂草帽的市場價為 132 元，經銷商的進貨價為 20 元，但你有資源能以 10 元的價格買到。

認知差越大，瞭解事物的視角、深度及廣度也就越不一樣。

認知差包括能力差 [g]、洞察力差 [h]、執行力差 [i]。利用認知差賺錢，意思是你我都知道的事或資訊，但我比你更專業、更精通，可以利用更高深的知識、行動力和洞察力獲取更多的資訊和賺錢方式，賺認知水準較低的人的錢。例如，A 和 B 都知道可以透過可轉債新股申購抽籤賺取新債上市的收益。A 有一個帳戶，一年也中不到幾次新債，一年下來只賺到了 5000 元。B 知道除了申購新債，還可轉換公司債。除了申購新債賣出賺到的 5000 多元，B 在轉債上獲得的收益超過了 20000 元。這就是兩個人雖然知道相同的事情，但對這件事情的理解不一樣，認知上存在差異。認知高的人就會比認知低的人更有賺錢能力。

賺錢的底層邏輯無非是「資訊差」和「認知差」這兩種，但人的思維、認知和眼界的局限性會表現在賺錢能力的高低上，

注 g　能力差即你比別人能力更強，你能做到而別人做不到的事。
注 h　洞察力差即你能挖掘別人看不到的賺錢機會，敏感度更高。
注 i　執行力差即你能比別人更快地行動並拿到結果。

帶來天差地別的結果。認知水準和眼界越低的人，就會越抗拒外界的新事物和新變化，越抗拒瞭解新的賺錢方式。

人性都是恐懼變化、未知和不確定性的，但往往全新的機會就藏在未知中。要提升賺錢能力，我們必須打破資訊的不對稱，掌握主動權。

打破資訊不對稱，掌握主動權

賺錢能力的提升靠的是資訊差和認知差，也就是使用信息的不對稱。那麼，如何打破資訊的不對稱，我分享以下幾點方法。

（1）破除自己的「回音圈」

我們日常接收到的資訊或接觸到的人事物基本上都很固定。通常都在固有的圈子裡，這個圈子發出的聲音和我們的三觀類似，進一步強化我們的認知和思想，這就是「回音圈」。舉例來說，就像自媒體 App 或是 YT 或 FB 平臺會根據使用者的喜好推送他喜歡看的東西，過濾掉他不喜歡看的，形成「資訊繭房」，他就再也接觸不到新的資訊和事物了。

因此，平常要刻意地打破固有的「回音圈」，主動接觸一些

能提升自己視野、認知和能力的事物，多與不同思想、不同職業的人交流。

（2）做 T 型人才

在自己的領域深耕成為行家，從「螺絲釘視角」轉變為「行業視角」，我們就能看到很多以前看不到的東西；然後把自己的擅長的範圍從這一個點擴散出去，就能接觸更多其他領域的事物。

（3）延伸自己的需求

自己的需求或許也是大部分人的需求，所以當你為自己的需求找到解決方案，可以再把它賣給有同樣需求的人，這就是賺錢機會。

我在 2011 年時月薪只有 1 萬多元，用不起名牌保養品，只能買試用品。雖然份量少，但我可以用 1/3 甚至更低的價格購買到正品的試用品。於是我深入瞭解各大品牌的推廣活動，藉此獲取各種購買和獲得試用品的機會，然後把試用品賣給有相同需求的人。這個機會在 2011～2013 年每年都為我帶來 16 萬元上下的額外收入。

這也是一個從生活中找到資訊差的案例，我用這種方法敏

銳地找到了很多賺錢機會，你也可以試一試。

（4）小步快跑，快速反覆運算

當你找到一個有效的賺錢資訊時，就要快速行動，在行動中提煉出自己的方法，對不足的地方進行反覆運算並優化，讓自己快速運轉起來。很多人可以做到前 3 點，但卻依然沒有賺到錢，主要原因就是缺乏執行力。請大家記住一句話：

一流的項目，三流的執行力，三流的流量，那麼這個項目不賺錢；

三流的項目，一流的執行力，一流的流量，那麼這個項目肯定賺錢。

這裡的流量是指市場需求，有需求就有流量。只要能落實執行力，就一定可以賺到錢。以上 4 點可以總結成一個公式：

> 提升賺錢能力 = 發現時機（敏感度）＋深入研究＋執行力
> ＋複盤反覆運算

我想和大家分享一句話：沒有不賺錢的方式，只有不賺錢的人，希望大家不要做思想上的巨人、行動上的矮子。

第 **2** 章

主業提升——
職場晉升心法

忘掉職業規劃，
目標盯緊你想成為的人

進入職場是大多數人離開父母的保護，開始獨立生活的起點。職場的發展是否順利，也是決定我們能否與同齡人拉開差距的一個重要因素。很多人想升職加薪，想在職場中實現財富積累，卻始終不得其法，多年停留在基層職位日復一日地做著相同的工作，根本原因在於沒有以終為始的思維方式，沒有想清楚自己到底想要成為什麼樣的人。

. . .

▍「以終為始」的思維方式

什麼是以終為始？它是一種逆向思維，站在終點看起點，

從目標和未來的視角看待當下，意即「目標導向」或「結果導向」。

從目標出發，推演出實現目標的路徑有哪些，就能很清楚地看到自己離目標還有多遠，需要從哪方面著手才能實現，需要具備哪些能力、資源等。

如果能聚焦在目標上，就能努力於實現目標所需要的技能，減少迷惘、遲疑或其他精神內耗。我曾幫助上百人做過職業方面的諮詢，大部分學員的疑問都是：「我該怎麼選擇在營運這個職位上的發展方向？」、「我不知道應該找什麼樣的工作？」、「我應該選擇大公司還是小公司？」等。「不知道該如何做選擇」的根源其實是你的願景不明確，不知道自己想要成為什麼樣的人。

2015 年初，我在某家網路文學公司擔任主編，當時智慧手機已經普及，我意識到 PC 端的流量以後一定會向手機端轉移，手機端的 App 將會是未來趨勢，那一年產品經理這個職位很多人競爭。我研究過產品經理相關的職責和這些人所分享的經驗和課程後，給自己訂定了一個短期目標：我要成為一個「產品經理人」，有朝一日要成為產品總監，了解使用者的需求。

但產品經理需要懂一些技術語言，才能與技術團隊進行密

切溝通。技術語言對當時的我來說完全是天書。後來我了解到產品經理是營運與技術之間溝通的橋樑，也有營運人員成功轉型做產品經理的，對我來說，營運的知識相對容易理解。

於是，我跨行去了蘇寧購物擔任營運。從零開始快速學習內容、活動的營運方法，一邊也向產品經理取經。雖然最後陰差陽錯地在營運這條路上深耕了 8 年，但前 3 年學習到的產品知識在我成為營運總監後帶給我很大的助力。

「以終為始」的「終」也分為長期的「終」和短期的「終」。長期的「終」是人生的意義和使命感。短期的「終」是近 5 年、10 年目標，你想成為什麼樣的人，想達到什麼目標。

嘿！你想成為「誰」？

現在請你閉上眼睛，想一想自己想成為「誰」？

他身上或許有你憧憬的生活狀態、有你敬佩的思維方式、有你想要擁有的能力、有你認同的價值觀、有你想要達成的職場成就、有你欣賞的為人處世方法……如果你有這樣的「偶像」，請拿出紙筆，把他（她）身上你所喜歡、羨慕，但是你沒有的

特質都寫下來。任何方面都可以，描繪得越詳細、越清晰，目標就越明確。

　　拿出紙筆，寫下你在①工作能力、②職業成就、③人際關係、④行業選擇、⑤財富數字⑥當你 40 歲時等目標，針對這 6 個方面都各找一個符合這些理想狀態的人，觀察他們發生了什麼事，在這些事件中他們是怎麼做的。希望達成的狀態越具體描述越好，如表 2-1 所示。

　　重點是要把心中偶像或特質具像化，就不會只是心中的一個模糊的概念，而是一個清晰可見的目標，就能產生內在驅動力。

　　也可以把「想成為的人」的各方面特質逐個拆解，從一項一項模仿開始達成目標，成為那個想「成為的人」。

▌如何成為「想成為的人」？

（1）拆解「想成為的人」的方法和特質

　　有了具體目標，可以開始拆解目標特質，找出實現路徑，制定行動計畫，最終完成目標。

表 2-1　理想狀態目標規畫表

項目	理想狀態	達成績效	模仿「偶像」	模仿原因	具體表現
工作能力					
職業成就					
人際關係					
行業選擇					
財富水準					
40 歲達成進度					

以我自己舉例，工作能力方面，我很欣賞我的主管 A。A 在專案統籌、活動策劃、資料分析和跨部門協調這 4 方面都非常出色。

再細細拆解她各方面有什麼可量化的指標呢？在項目統籌上，她可以在 1 個月內寫好目標營收 3 億元的專案，做好時間進度表、人員分工、任務清單和預算安排，並傳達給項目組的每個人，在 6 個月內執行到位。

在活動策劃上，她可以統籌策劃整體「618 購物節」活動期間業務線的預售期、爆發期和返場 ᵃ 的活動方案。這個方案需要考慮 ×× 個方面因素，能實現 ×× 的營收目標，提升百分之 ×× 的付費轉化率。

每個方面我都仔細研究她做到的一些具體量化指標。如果我也想成為像她那樣的人，就要複製她的每一項能力並加以拆解方法。例如，她如何拿到營收 3 億元，我拆解出 3 個階段，每個階段的核心動作是什麼？她是從哪些面向考慮整個專案的，

注 a　返場原本是相聲術語。是指演員講完下場後，應觀眾要求再次上場加演。有點類似安可，也運用在購物節上，賣得好的商品返場後可能會再銷售。

又是怎樣解決過程中的困難？如果換成是我，我會怎麼做？從她的做事方式中我可以學會什麼思維方式和方法？

如果我現在還沒辦法做到，就要思考我應該分幾個階段去學習和實踐，並為每個階段再設置出小目標，一步一步實現。

（2）多多接近「想成為的人」

只有不斷精進自己的專業能力，跳出舒適區，努力靠近想成為的人，也同時能為別人提供價值，我們才有可能打破界限，向前邁出一步。所以最好能多多接近目標以便觀察，最好還能向她詢問並學習。

如果你真的在身邊找不到「想成為的人」或所謂的「偶像」，或是他距離我們有點遠，我們無法得知他的價值觀、能力和行為方式背後的邏輯，那該怎麼辦？

如果是我，我會關注有關他的一切。例如，自媒體帳號、發表的文章、對外分享的案例，購買他的所有著作和課程，加入他的付費會員社群，積極提供和展現自己的價值。簡而言之，你付出、關注的越多，得到的回饋和影響也會越豐盛。

但要特別提醒，在我們模仿並學習對方的過程中，必須遵

循一些原則，像是要有禮貌，也最好能與對方有價值交換。因為沒有誰有義務需要無條件幫助我們，千萬不要把別人的幫助視為理所當然。

（3）模仿「想成為的人」

所謂的「模仿」是指學習思維方式、處理問題的角度和對不同事情的價值觀，而不是要你照做他做了什麼。例如：他為了推進一項工作而請其他部門的同事喝奶茶。

你不能只看表面，其實一杯奶茶只是表相而不是重點。可能是他在設計工作方案時融入了「利他」的元素，在完成自己部門 KPI（關鍵績效指標）的同時，也幫助其他部門的同事提升業績，請其他部門的同事喝奶茶只是表達友好的一種方式。

（4）融會貫通，形成自己的思維邏輯

經過前面的 3 個階段後，我們把從「想成為的人」身上學到的思維方式融入自己的日常工作和生活中，形成自己的一套思維模式。

10 年前，我從《富爸爸窮爸爸》的作者羅伯特・清崎身上學到，只有「管道建造者」才有護城河，才能有源源不絕的被動收入足以抵禦生活中未知的風險。這 10 年來我努力為自己搭

建了 20 多條管道收入，把這個觀念融入我的公司經營和副業中，並且把方法教給我的學員們。

5 年前，我從《每週工作 4 小時》這本書中學到，作者可以實現每週只工作 4 小時，在全世界體驗不同的生活方式，還能現金流不斷，是因為他搭建了一套自運轉的系統，持續地為他工作。我也把這概念融入自己的事業中，慢慢搭起一套自運轉系統，讓我可以在旅遊半年的基礎上依然能賺到幾百萬元。

很多人一提到職業規劃，就會想到做 MBTI 等各種測試，希望工具告訴自己我能成為什麼樣的人、適合什麼類型的工作。但工具始終只是輔助，最終我們還是要遵從自己的內心，以終為始，想成為什麼樣的人，就按照他的方式打磨自己。只要做到這一點，職場之路就不會難走。

實戰小演練

請寫下你想成為的人，以及他身上具有的你喜歡的特質。

把工作當成熱愛的事

> 合夥人心態：把工作當作自己責任範圍內的事情，主
> 動思考，自我驅動。
> 員工心態：把工作當作拿薪水的途徑，做一天和尚就
> 撞一天鐘，被動接受，不主動、不積極。

• • •

　　你的職業生涯遠多過於你在任何一家公司的時間，所以只有能在工作中多加學習，修煉自己的能力和心態，才能從容應對當下「內卷」[b] 的大環境。

所謂合夥人心態和員工心態，這兩個詞的區別在於一個表現主動，另一個表現了被動。

　　我曾在工作中遇到過很多自持「員工心態」者，非常計較得失，無法吃一點虧。每天上班 8 小時上廁所花 1 小時，打遊戲花了 1 小時，逛購物網站花 1 小時……然後下班時就竊喜自己今天白賺了半天薪水，甚至把這些貪小便宜的心態引以為傲。還有些人在工作中擅長推卸責任、有成績就搶功勞、做了事就想得到好處，腦子完全不思考；不僅不思進取，還愛耍小聰明，在微信朋友圈裡 po 加班、只針對主管和同事發工作文。

　　這些自以為是的小聰明其實是麻痺自己和毀了個人成長的毒藥。這些人把所有的聰明都放在偷懶和討好主管上，唯獨忘記了「做自己」。那些看不到損失的是不可逆轉的時間，還有趁年輕時提升自己專業能力的大好機會。時間對每個人都是公平的，不進則退。如果能力不提升、責任也不承擔，那麼下一個被市場淘汰的可能就是你。

　　巴菲特的老師格雷厄姆曾經說過：「股價短期是投票機，長期是稱重機。」股市短期看情緒博弈，長期是看價值回歸。職場也是如此，一個人在職場內在價值，短期收益可能來自於你會不

會表現、主管是不是認可你，但長期收益則來自於你的個人能力、格局、視野和影響力。個人能力是你的「基本面」，視野代表你找到解決問題的能力，格局和影響力代表你未來的上升空間。

我們要做的是把每一家自己服務過的公司，都當作增進自己能力的平臺，用來擴展視野、提升能力。眼光不要局限於自己手邊的工作，用更寬廣的視角看待自己的工作和行業，逐漸建構自己的影響力，以後就能更自由、更有選擇權，看到更大的世界。

所謂「合夥人心態」指的不是要把自己當作公司合夥人，把公司的生意當作自己的生意來做，因為這不符合人性。我說的合夥人心態是指你把自己當作公司經營，你就是自己這家公司唯一的合夥人，借著工作修建自己的「護城河」，打造自己的核心競爭力。如果工作也能為你帶來複利效果，是不是就更容易堅持了呢？

▎合夥人心態的表現

有如此心態的人，在職場中往往會發展得更順利。因為他

們表現得更為積極主動，不會覺得工作只是一份賺錢或養家的差事，而是把公司當作鍛鍊和提升自己能力的平臺，通常會有以下收穫。

（1）深耕專業能力，主動思考優化工作

完成本職工作之餘，多思考怎麼提升自己和團隊的工作效率，主動思考有哪些方法可以幫助團隊完成業績指標。

我常對學員說：不要害怕承擔責任，多承擔責任可以提升自己的管理能力。例如，我有一位學員原本在工作中抱著得過且過的員工心態，聽我分享自己的職場經驗後，他主動整理了一套工作手冊，幫助部門同事提高工作效率。主管看到後很快地就將他提升為小主管，並調漲了 20% 的薪水。

（2）開放合作，利他共贏

我們在工作中總免不了需要與他人合作，發生問題時不互相推諉，給予對方充分的信任和尊重，需要對方幫忙時不能只索要而不付出，多想想什麼方案能實現共贏。共贏才是長久合作的基石。

我在蘇寧購物時負責圖書業務。但業務要成長往往需要集結其他部門的支持。但是我也不能一直靠人情讓別人給我資源，

我就會帶著共贏的方案去找其他部門負責人。例如：你給我 3 天 C 位（核心位置），我就給你一批電子書會員優惠。價值交換、利他共贏才能維持長久的關係。

（3）保持好奇心，探求底層邏輯

好奇心是提升個人成長的基本動力之一。對任何事產生好奇心就說明你接觸到了自己未知的領域。

好奇心的本質是自我驅動力，它是求知欲和熱愛力的結合。探索事物的本質不僅能讓我們快速成長，有時還能幫助我們發現別人看不到的機會。我的好奇心就比較強，喜歡追究事物的底層邏輯。這也是我經常能發現別人看不到的賺錢機會和在業務中找到新亮點的原因。

（4）學習能力強，自我成長、自我激勵

但要想實現自我成長，首先要提升情緒管理能力，「情緒穩定」是職場人的基本素養；其次要合理設立目標；然後給自己設置階段性里程碑，每完成一個里程碑就給自己一定的獎勵。

▎把當下的工作當成熱愛的事

　　把工作當成熱愛的事，這是一件看似簡單卻很多人認為很難做到的事，所以在講這個話題之前，我想先講一個小故事。

　　2010 年，我剛大學畢業，在一家公司做網路文章編輯。當時穿越類和古言類小說很受歡迎。在此之前，我也算是一個青春小說作者，曾在雜誌上發表過十幾篇小說，做過 2 年的雜誌兼職編輯。那時我有高姿態，因為那個年代為雜誌寫文章的作者多少都有點看不起寫網路文學的作者。故一開始對於這份工作我也不是那麼滿意。因為我不擅長也不喜歡古言類小說，但當時古言小說佔據公司網站銷售排行榜前 10 名，而我的業績自然也是最差的。

　　入職半年後主編找我詳談，若是我的業績再無起色就要勸退我。當時除了主管對我施壓，另一方面我同事在主管和作者面前詆毀我。這情況可能換了其他人早就辭職了，但是我沒有。我開始研究各大網路小說頻道的排名，發現那一年在「紅袖添香」網站上興起的總裁文體特別受歡迎，而且和我熟悉的青春小說的寫法接近。

我花了 2 個月的時間細細磨練了 5 位作者,指導他們寫「霸道總裁文」。從內容的架構、包裝、劇情走向、懸念的設置到文字的修潤,我都親自改稿,同時教作者怎麼做粉絲營運。我每天從早忙到晚上 12 點。為了讓作者的書受關注,在當時還沒有人重視手機端流量的時候,我請無線部門的同事吃飯,請求他把我名下作者的書上架到移動閱讀基地,我向他保證一定能紅。

如此堅持了第 3 個月,我終於守得雲開見月明。我名下作者的一本書的訂閱量躍至全網第 3 名,其他作者的書在網站也都獲得非常好的反響和口碑,我的業績也從部門最後一名變成了第一名。

這件事帶給非常大的成就感,也增長了我的信心。半年後我辭職離開公司。一年後主編看清了詆毀我的那個同事的真面目。兩年後有一個主編的職位空缺,前主編推薦了我,我得以升職,薪資也翻倍。

我其實很慶幸我初入職場時遇到了這件事情,讓我得以修煉自己對內容的敏感度和對待工作的積極心態。初生之犢有些心高氣傲是正常的,對職場有不切實際的期望值也是正常的。但是年輕時面對暫時不喜歡的工作若能放下偏見,從中找到樂

趣和正向回饋，把當下的每一件事都當作熱愛的事去做，提升自己的思維認知和解決問題的能力才是最重要的事情。

如果你終其一生都苦苦尋找自己熱愛的東西或工作，你可能會不斷失望。從每一份工作中找到好玩的點，在玩的過程中「升級打怪」，遇到問題就解決問題，升職加薪就離你不遠了。

實戰小演練

請思考自己在工作中是什麼心態，
閱讀完這一節後有什麼行動計畫。

第 **3** 節

槓桿思維：以最小的成本
帶來最大的成果

> 「給我一個支點，我可以撬動整個地球。」
>
> ——科學家阿基米德

回過頭來看，我感謝自己從事過的每一份工作和學習到的每一項技能。這些工作和技能沒有一個是學了無用的，每一個都很有挑戰性，它們讓我擁有不同的思維方式。這些思維方式幫助我養成快速學習的能力、洞察本質的能力、從複雜問題中找到最優解的能力，以及用最小成本獲得最大成果的能力。

● ● ●

什麼是槓桿思維？

科學家阿基米德曾經說過一句名言：「給我一個支點，我可以撬動整個地球。」槓桿思維的關鍵是支點，它告訴我們不是看到工作就做，而是要先找到那個支點，以四兩撥千斤之力來撬動更好、更大的結果。

「槓桿」這個詞在投資領域比較常見。投資新手聽得最多的可能就是「用閒錢投資，不要用槓桿」，這裡的「槓桿」代表「借錢、融資」。本來你只有 5 萬元，漲 10% 只能賺 5000 元。如果使用 10 倍槓桿，漲 10% 就能賺 5 萬元，但相對的風險也會放大數倍，有爆倉（外匯交易中又稱為強制平倉）、虧完本金甚至負債的可能性。

當然，槓桿也不完全意味著高風險和不確定性，投資領域的槓桿也有很多高收益和確定性的機會，關於這方面內容，後面第 5 章將會說明。

擁有槓桿思維人不會只盯著自己眼前的小利，他們一定會用雙贏、多贏的方式找到那個支點，實現共贏。例如，前面小節中提到的「你給我 3 天 C 位，我給你一批電子書會員權益」

案例，這就是槓桿思維。

一個人要想成功，懂得借力比努力重要多了。現在的自媒體從業者都借力於小紅書、抖音、YT 等平臺放大自己的影響力，這也是槓桿思維的運用。

槓桿思維還有很多落實的方法。例如，某品牌借用當紅明星的名氣推廣自家產品，品牌借的是明星的粉絲流量；線上課程在各平臺投放廣告；創業公司在預算不夠時使用「關鍵行銷」；這些都是槓桿思維。

在資源相同的情況下，槓桿思維能幫我們取得更好的結果。槓桿思維的本質就是借力，但這「四兩」撥的到底是「千斤」還是「萬斤」，就要看你的洞察力和資源整合力了。

▍槓桿思維的核心是「共贏」

槓桿思維的核心是「共贏」，那麼，要如何實現共贏呢？我舉一個自己例子。2015 年 9 月初，我剛入職蘇寧購物 2 個月，還是試用期。那時我只是一位普通的營運人員，而且是零經驗基礎的。

當時我的部門做了一款閱讀類 App，這個 App 不賺錢，部門的 KPI（關鍵績效指標）是為蘇寧購物金融 App 增加開通銀行卡支付功能的客戶。

為了吸引使用者開通銀行卡支付功能，我們的方案是給使用者支付 1 分錢（人民幣）開通會員的權益，成為會員後就可以看這個 App 上所有的電子書。從投入產出比來看，這是性價比最優的方式。

我們部門的 KPI 是每月增加 1500 個開通「1 分錢」會員的客戶，但在沒有推廣預算的前提下，這個指標是比較難完成的。而且對於客戶來說，要開通銀行卡支付功能其信任成本很高。在自然流量的情況下，註冊客戶轉化為開通銀行卡支付功能客戶的轉化率只有 40%。當時部門總監很擔心，她認為沒有幾十萬元的推廣預算這個目標很難完成。

於是，我在微博上找到了中國人氣少年偶像團體 TFBOYS 成員王源的粉絲後援會的一位站長，和她成了朋友。在聊天的過程中，我得知 11 月 8 日是王源的生日，他們正煩惱著要如何給王源送個特別的生日禮物。

我想到了一個共贏的方案，即以「源公益，一分助學」為

主題辦場活動，送王源的粉絲們送《爵跡》（王源參演的電影）的電子書，引導粉絲下載 App，參與「1 分錢免費讀」活動開通銀行卡支付功能，成為付費客戶。每增加 10 個客戶就再由我們出錢採購 1 本童書，所有活動收入的圖書都以王源和蘇寧購物的名義捐贈給後援會指定的希望小學。

這位站長為我引薦了他們的會長，我們對這個方案達成了共識。蘇寧購物的背書和公益的形象是符合他們需求的。這次活動只花了 1 萬多元的成本，我們採購了 600 多本童書，另外還聯繫幾家出版社捐贈了 400 多本，一共捐贈了 1000 多本童書。

最後，這次活動讓我們收穫了 2 億次的微博話題閱讀量、近 10 萬次的轉發和 1 萬多個付費客戶。部門總監獲得了副總裁嘉獎，這個活動被作為典型案例在事業部大會上宣講，而我也在半年後晉升為營運經理。

這是一個用最小成本（1 萬多元）撬動最大成果的案例（2 億次微博話題量、副總裁嘉獎、晉升）的案例。後來我用類似的方式還做了其他幾位演藝人士的聯名公益活動。

在我的職業生涯和生活中，我經常運用這種「利他共贏」的合作，盡可能找到滿足雙方共同需求的點往往就能以較小的

成本獲得較大的成果。

其實我們的人生何嘗不是一個槓桿。當我還什麼都沒有時，可以藉由一個個槓桿抬高自己的競爭力和影響力，例如，用自己的專業和可靠換來貴人提攜，進入大公司獲得平臺光環和身份背書，通過碩士、博士學歷提高自己的身價，跟著有能力的主管一起完成一些專案以獲得跳槽、調薪的本錢等。

實戰小演練

請嘗試運用槓桿思維解決自己工作中的一個問題。

擊球手思維：耐心等待合適的機會，全力一擊

櫃桿思維用於解決實際職場問題往往能事半功倍。但是，使用櫃桿的時機也很重要，並非每件事都需要全力一擊。人的注意力和精力是有限的，不可能始終保持十二分的精神，在每件事情上都投入百分百的努力。就像橡皮筋一樣一直繃得很緊，總有一天會崩斷，在不重要的事情上全力出擊，只會過度消耗自己，這時候就需要運用「擊球手思維」。

• • •

▎擊球手思維的關鍵因素

美國波士頓紅襪隊的擊球手泰德・威廉斯被稱為「史上最

佳擊球手」，他曾在美國《體育新聞》（The Sporting News）雜誌評選為歷史上百位最佳運動員中位列第八。他寫過一本書，書名為《擊打的科學》（The Science of Hitting）。在這本書中他揭示了自己成功（獲得高擊打率）的祕訣：不是每個球都打，而是只打「甜蜜區」（擊中概率較高的擊球區）的球。他將擊打位分為 77 個，只有球落入最佳擊打位時他才會揮棒，否則絕不動手。

「要成為一個優秀的擊球手，你必須等待一個好球。如果我總是擊打「甜蜜區」以外的球，那我根本不可能入選棒球名人堂。」他解釋了這種思維的本質：盲目出擊不如耐心等待，當球進入最佳區域時揮棒一擊。

股神巴菲特總會向人介紹，泰德・威廉斯是對他投資理念影響極大的一個人。他從泰德・威廉斯身上學到了什麼呢？在 2017 年的紀錄片《成為沃倫・巴菲特》中，巴菲特說：「我在一個永不停止的棒球場上，在這裡能選擇最好的生意。我能看見 1000 多家公司，但是沒有必要每個都看，甚至看 50 個都沒必要，我可以主動選擇自己想要打的球。」

投資這件事的祕訣，就是坐在那兒看著一次又一次的球飛

過來，等待那個最佳的球出現在擊球區。很多時候人們會喊 ——
「打啊！」但是別理他們，等待最好的機會才是最重要的。

從泰德・威廉斯和巴菲特的身上，我們能看到擊球手思維
的關鍵是「耐心」，有耐心地守在能力圈內提前做好準備，當機
會出現時全力一擊。

我 2018 年 6 月從蘇寧購物辭職後，曾有 5 個月的職場空
窗期。辭職後我的目標是找到一個職位更高而且每月薪水在
150000 元以上的工作（辭職前每月薪水 68000 元）。我的目標
是跳槽到阿里巴巴、京東、網易這類互聯網大公司，或者新興
行業的獨角獸公司，職級上希望能成為業務或進入管理階層。
剛開始找工作的前兩個月並不如意，要嘛是我不喜歡公司給我
的職位，要嘛是對方只能給我和原單位同樣的薪水。連續失敗
五、六次後家人都勸我務實一點，因為能找到工作不容易。我
當時並沒有放棄目標，但調整了以下的策略和方法。

（1）重新修整了 2 個版本的履歷，分別著重於業務能力和
管理能力的呈現。

（2）先嘗試面試阿里巴巴、網易、京東的非目標職位，了
解公司的面試流程、考察重點，記錄下面談問題並做分析。

（3）在面試過程中我發現自己歸納方法的能力不足，於是閱讀了 3 本營運相關的書，提煉出比較適合我自己過往專案的方法結論，用 STAR 法則[c]講述專案經驗。

（4）尋求幫助，找在阿里巴巴、網易、京東就職的朋友推薦，也聯繫幾家獵人頭公司幫我留意目標職位。

（5）在求職網站更新自己的簡歷，並設定明確的職位偏好。

（6）提前研究面試職位所需的能力，面試時重點展現出這些能力。

做完以上動作後，我於辭職後的第 5 個月終於等到了符合自己 80% 預期的工作：行業內排名前 5 的公司，職位升一級，管理 20 人的團隊，每個月薪水 150000 元。

回顧這段經歷可以發現，讓我成功找到自己喜歡的工作其原因除了耐心等待，還有另一個更重要的因素 ——「專注」。

注 c　STAR 星星原則別代表：S- 情境（Situation）、T- 任務（Task）、A- 行動（Action）、R- 結果（Resul），通常會將面試問答過程拆成這四個層次去應對。

▌專注目標，全力一擊

巴菲特和比爾‧蓋茨很早就是好朋友。比爾‧蓋茨的父親邀請巴菲特共進晚餐時，讓他倆玩了一個遊戲 —— 在手上寫一個對自己影響最大的詞。兩個人的答案竟然完全一致：Focus（專注）。

巴菲特在紀錄片中說：「股票的確有一種傾向，讓人們太快太頻繁地操作，太易流動。很多年來，人們發明了各種篩檢程式用於篩選股票。而我知道自己的優勢和圈子，我就待在這個圈子裡，完全不管圈子以外的事。定義你的遊戲是什麼、有什麼優勢，非常重要。」

所以，巴菲特即使認識比爾‧蓋茨那麼多年，也從未投資過微軟股票。因為投資互聯網公司是他能力圈以外的事情。

高手都在持續地做「少而且正確的事」，聚焦於自己的能力圈，緊盯自己的目標。我自己在 2015 年作為營運新手跨行跳槽時，很羨慕職場劇中那些光鮮亮麗的女總監，覺得她們英姿颯爽，做事雷厲風行，是我想成為的樣子。

那是我人生中第一段飛快成長的時期，我心無旁騖地奔向目

標前進。作為新手我雖然什麼都不會，但我肯學。週末都別人都在享受周休時，我會一個人去公司邊看資料分析入門書，邊研究怎樣從資料中找出問題，再針對問題思考怎樣反覆運算可以提升營運，針對一次次的不同營運方式去總結出規律和經驗。

後來我在一年半內就職位連升兩級，成了營運總監。除了專注於工作能力的提升外，有兩個關鍵的工作表現決定了我在兩次晉升機會中勝出：第一次是上一節內容講到的「1分錢免費讀」的專案幫助我所在的部門完成了 KPI，讓部門主管獲得副總裁嘉獎；第二次是我的上級主管離職，總監因為找不到人接手而焦頭爛額時，我主動承擔了更多的職責和工作。

日常的專業、認真、負責只是加分項，決定你能否在職場走得更遠的往往是那些看起來與你無關、既難又沒人碰的「擊球機會」。其中隱藏著一個關鍵點：主管最喜歡的永遠是幫他解決問題的人。

如果我們想在職場中走得遠，就要記住以下 3 點。

（1）專注於目標，等待合適的時機全力一擊。

（2）時機來臨前，做好充分的迎接準備。

（3）幫助主管解決多大的問題決定了你能走多遠。

實戰小演練

請思考你的職場目標是什麼。

第 **5** 節

雙贏思維：把客戶和同事
變成你的晉升助力

要想實現雙贏，要做好以下 4 點：

(1) 先瞭解對方需求

(2) 提供更多的選擇

(3) 不局限於現有資源，努力為對方爭取

(4) 適當的讓步

• • •

如果 10 年前有人問我怎樣實現升職加薪，我肯定會毫不猶豫地脫口而出：「業務能力好。」那時候我太年輕，看問題的角度很單一。

很多時候我觀察公司業務能力好的人也不一定能得到晉升

機會，因為很多人情商不高，例如有許多專業人士太專注於工作而忽視為人處世，對外無法與合作方達成友好的關係，對內無法向下賦能、帶領下屬成長，也無法在跨部門協作中有效溝通。所以「高情商」才能帶來雙贏。

▌雙贏：「利他」是最好的「利己」

從字面上去理解「雙贏」是指合作的雙方都獲得一定的收益或好處。雙贏思維起源於博弈論，它的對立面是零和博弈。零和博弈是非勝即敗的博弈，雙方收益總和永遠等於零，不存在合作的可能性。從合作的角度看，雙贏是雙方利益最大化的過程，本質上是在短期利益和長期利益之間取得平衡。例如，我要完成一個專案，需要 A 部門協助，但做好這個專案對 A 部門毫無益處，所以在專案推進過程中 A 部門沒有動力積極配合。

當我瞭解到 A 部門本月的 KPI 是新增 1 萬個客戶後，我提供了一些贈品幫助 A 部門提升新客戶轉化率。雖然我們部門損失了一點點短期利益，但專案得以順利推動，雙方建立了友好的關係，這就是合作共贏。

與別人合作不絕對是我贏你輸或我輸你贏的關係，找到中間的利益平衡點對雙方都有益處，也就有雙贏的基礎。

要想實現雙贏，我們要做好以下 4 點：

（1）先瞭解對方需求

例如父母不在家，你和妹妹都很餓，家裡卻只有一個肉包，你們兩個都想吃，如果你吃了妹妹就要挨餓。但是你想起妹妹不愛吃肉，你可以把肉包的麵皮給她吃，而不是一定要一人一半。這樣兩人都不僅填飽了肚子，也沒有強制對方接受不喜歡的東西，這就是雙贏。

（2）提供更多的選擇

我們在尋求合作的過程中常會聽到他人說：「我的價格已經降到最低，不能再讓步了。」這句話的潛在意思是「我的底線在這裡，你能接受就接受，不能接受就拉倒」。

但如果換一種說法，雖然價格不能再降了，但可以提供贈品，是不是就比較有機會繼續談呢？在許多結果中找到對雙方都有利的選項。我也會將這種思維用在與主管的溝通上，溝通營運活動方案時，如果兩次被指出活動標題不行，我就會提交 10 個不同角度的標題供主管選擇，主管通常都能從中挑出一個

滿意的。

（3）不局限於現有資源，努力為對方爭取

資源有限時，很可能無法找到讓雙方都滿意的平衡點，這時候可以嘗試從其他地方努力幫對方爭取。

例如員工要求加薪，但如果該員工的情況或部門預算沒有加薪條件時，員工有可能因為無法加薪而心生怨念離職，這時候我建議可以要求他努力把某個項目做好，然後單獨為他申請專案獎金。這樣就既可以滿足員工訴求，也能為公司創造營收。

（4）適當地讓步

以退為進，主動承受「戰略性虧損」，有時候反而可以化危機為轉機。例如，一個新品牌剛進入成熟的市場時往往會採取低價或補貼策略讓利給客戶，等佔有一定的市場比例後再將產品升級，享受市場回報。這個為了進入市場的初期虧損就是「戰略性虧損」。

在工作中也是如此，捨小利博得長期合作，利他往往就是最好的利己。

建立情感帳戶是雙贏的前提

無論是在公司工作還是與人交易，其本質都是價值交換。價值交換的前提是信任，而信任的背後需要情感帳戶的經營。

所謂情感帳戶就像我們平常開通的銀行帳戶，平時往裡面存錢，必要時才有錢可取。如果我們平常不與別人建立情感關係，等到有事需要幫助時就會發現沒有人願意伸出援手。

所以我有個很好的習慣——樂於分享。這個習慣幫助我建立了很多友好關係，也幫助我累積了「貴人運」。大學畢業後十幾年中，有很多好機會都是來自於我積下的好人緣。

2013 年我剛升主編時，部門有一位實習生月薪只有 1 萬多，生活比較困難。我常和她分享應該怎麼省錢，也教她在工作之餘藉由副業多賺一些錢，還有要如何找到既便宜又合適的房子等。2015 年我從公司離職時曾向主管推薦她接任我的職位。後來我也持續地與她分享我在投資上的心得。2018 年我跳槽到上海的新公司就任總監，需要更多得力的下屬，她和當時其他 6 位同事都毅然決然地離開南京跟我去了上海。我常想我何德何能讓人追隨左右？想了很久得到的答案是：我不計回報地儲存

感情。因為我對她們好，所以在我需要幫助時，這些情感帳戶就滿得快溢出來了。那麼，情感帳戶該怎麼儲蓄呢？

（1）「可靠、實在」，是建立信任的基礎。

（2）理解他人、信守承諾。

（3）主動為別人想，若犯了錯誤要勇敢地承認。

（4）明確知道自己的界線，也不輕易觸碰他人的界線。

從工作層面來講，專業、誠懇、可靠、踏實是建立情感賬戶的前提，否則即使你再有價值，人品不行別人也不願意靠近你。

我記得一段往事，2019 年時主管想對我委以重任，在正式任命下達之前，找了我的下屬、其他合作部門的負責人以及與我的業務有交集的技術部同事們溝通，瞭解我當時在大家心中的口碑和印象。這件事一直到了 2020 年我要辭職前一個月才在與其他部門總監聊天過程中獲知，當時大家一致給了我好評，甚至有下屬說我是她見過的最好的上司。

我記得當時技術總監對我說：「你走了好可惜，你是我見過的唯一一個可以在例會上不被主管問倒的人。」

產品總監也告訴我，某一次曾發生重大失誤，當時主管們都不在公司，後來事過境遷後上司問當時是誰站出來承擔責任並安排應對方案。產品總監回覆說：「是阿七。」

這些其實是因為我平時在工作中常站在雙贏或為他人著想的角度尋找解決方案，所以到了關鍵時刻大家才會把我往上推一把。

如何在工作中建立情感帳戶，我也想和大家分享幾個經驗：

（1）作為員工，與公司建立情感帳戶

最簡單、有效的方式就是盡責地做好工作，不遲到早退，不違規違紀，對主管交代的事情做到每件事都有好的交待，並主動承擔責任。

（2）作為同事，與其他人建立情感帳戶

積極與其他人合作，不推卸責任，可靠、專業，還有，絕不在背後說人壞話。

（3）作為公司，與客戶建立情感帳戶

產品品質過關，為客戶提供超預期的服務或體驗。

還有，在節假日或生日時送上祝福和關心，送點小禮物，也是建立情感帳戶的有效方式。例如，與客戶、合作夥伴、朋友見面時，我經常會根據對方的喜好挑選合適的小禮物，既不讓人覺得有需要還人情的負擔，又能增進彼此感情。

雙贏思維可以用在生活中的方方面面，有時候看似吃虧，但背後卻提升了更高的格局和視野。適當讓利換來長久的友好關係和與人為善的胸襟。

把雙贏當作一種思維習慣，你會發現自己的人格魅力提升了，資源和機會也不斷向你靠近。

實戰小演練

請試著與你的主管、同事建立情感帳戶。

第 **3** 章

副業變現——
打造多管道收入的起點

副業邏輯：兩個方法 找到適合你的副業

「斜槓青年」一詞來源於英文「Slash」，出自《紐約時報》專欄作家麥瑞克・阿爾伯 (Marci Alboher) 的《雙重職業》(One Person/multiple careers: A New Modelfor Work Life Success) 一書，指的是選擇擁有多重職業和身份的人。

• • •

近幾年，副業成了一種潮流，隨之興起的還有兩個熱詞：「斜槓青年」和「第二曲線」。

「斜槓青年」指的是選擇擁有多重職業和身份的人。例如，我們有些熟知的演員可以在教師、演員、製片人、導演、編劇、

歌手、作家等多種身份之間自由切換，這就是典型的斜槓青年。

「第二曲線」是由英國管理大師查理斯‧漢迪提出，他寫過一本同名書《第二曲線：跨越「Ｓ型曲線」的二次增長》。在闡述「第二曲線」理論時，他寫道：「當你知道你該走向何處時，你往往已經沒有機會走了。」每個人都會有第一曲線，它通常是指我們的主業工作。我們在職場中不斷地「打怪升級」後，第一曲線可能已經到達天花板頂點，在第一曲線開始下降之前，幫自己找一條新的增長曲線「第二曲線」（見圖 3-1），就是勢在必行的事了。

圖 3-1　第二曲線

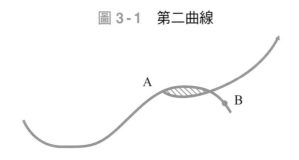

近兩年，「斜槓青年」這個名詞已經漸漸少用，取而代之的是「第二曲線」。例如我擔任營運總監第三年後，覺得要再往上

升職至副總裁的可能性很低，於是我發展自己的愛好延伸成了第二曲線，搭建社群陪伴想探索副業的女孩們一起成長。

「副業」是第二個被我加入自由人生公式的元素，可見得它在我心目中的重要性。如果說自由人生是一棵大樹，副業就是從這棵樹的樹幹分出去的最粗的一根向上延伸的樹枝，它汲取陽光雨露，努力地開花長葉。

14 歲那年我就開始探索副業之路。當時我完全是因為熱愛寫作，第一次是在《青年文摘》雜誌投稿，意外獲得稿費 300 元。它激勵我持續對外分享，寫作青春的故事。寫作為我帶來了主業之外的收入，從最早的 100 元 / 千字到後來的 1500 元 / 千字。直到現在我的文字已經不是按千字計算了。例如，一門課程 5 萬字，3 年內為我帶來了 250 萬元的收入，平均 5 萬元 / 千字。此外，還帶來了影響力和幫助他人的成就感。

3 年前我之所以能勇敢地從公司「裸辭」，完全是因為副業收入已經超過了主業收入，它給了我選擇自己想要的人生的底氣。

方法一、副業方向的探索

這 20 年間我做過大大小小 20 多種副業，小到做海淘代購[a]

賣保養品、為大學畢業生做職業規劃輔導、做保險經紀人，大到擔任上市公司營運顧問、自己創業。透過大量的實踐和學習，我總結了兩個可以探索的副業方向。

第一個方向是從主業延伸。例如，我在互聯網公司做營運時，就開始在一些社群平臺分享營運經驗，我和讀者分享自己的方法和案例，一方面可以在業內樹立專業的形象，另一方面也吸引有需求的公司來找我諮詢，也為一些需要解決業務增長問題的中小企業提供營運顧問的服務。

假設我的主業是公司財務，我可能就會在小紅書平臺上分享財務方面的經驗，有一些小企業或許並沒有專職財務人員，我可以做代理記賬服務。假設我的主業是品牌美容顧問或櫃姐，打折期間我就可以幫客戶代購各種品牌護膚品，或在網路平臺上分享護膚知識，做美妝博主或網紅。

第二個方向是從興趣愛好出發。我們對於自己的興趣和愛好通常會充滿熱情地投入大量時間和精力。凡事只要肯花時間，就會比旁人更容易有成果。例如，我的愛好是投資，我願意在

注 a　海淘指海外淘寶，用國際信用卡網上支付而從國外購買產品，價格較代理商有優
　　　勢，所以有越來越多人從事海淘或海淘代購。

投資上花費大量的時間和金錢學習。透過實際操作找到適合自己的投資方式，然後加以分享，搭建社群吸引有同樣興趣的人一起學習和成長。

我有學員喵醬她的興趣愛好是畫插畫，她在畫畫這件事上花了許多學費報名學習插畫和商業包裝，也願意投入時間，下班後回家看課程和畫作業，經常熬夜學習到半夜 2 點。慢慢地開始有客戶找她畫商業插畫、設計產品包裝。現在她的報價已經是每個產品包裝設計 5 萬元了，而且還得要排隊才行。

方法二、確定適合自己的副業方向

在不同的人生階段，副業也會隨著我們的成長歷程不同而變化。我有很多興趣愛好但精力有限，一時間不可能把所有興趣都發展成副業。那有什麼辦法可以確定什麼副業方向比較適合自己呢？我用過以下兩種方法：

（1）尋找「甜蜜點」法

將我們擅長的事、熱愛的事、賺錢的事、對別人有價值的事各畫一個圓，四者交匯處就是我們可以輕鬆、愉快地賺錢的「甜蜜點」，如圖 3-2 所示。

甜蜜點（sweet pot）：高爾夫運動中的專業術語，是指每支球杆上都有一個最佳擊球點，可以讓擊中的球飛出最遠的距離。

圖 3-2　我的「甜蜜點」──投資

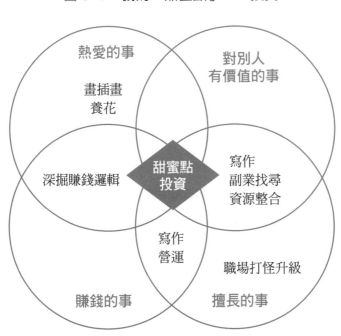

「擅長的事」：我們可以把它理解為天賦，這是我們與生俱來的。例如，傑出的喜劇演員在學生時代就可以讓周圍的人哈哈大笑；我在工作時可以看一遍就記住核心的營運資料。

「熱愛的事」：我們通常抱有熱情，即使沒有人理解也能堅持做下去。如果我們對做一件事情一點都不喜歡，那麼肯定無法在這個領域中脫穎而出。

「賺錢的事」：我們做副業是為了在薪水以外增加其他收入，如果做一件事情無法賺錢，就不能稱之為副業，只能稱之為愛好。愛好可以不賺錢，但副業不能。

「對別人有價值的事」：不僅能讓我們受益，還能帶給別人價值。只有滿足其他人部分需求，才有可能長久進行。

如果我們做的事情能同時滿足這 4 個條件，那就是我們的「甜蜜點」。我們不僅可以賺到薪水以外的收入，還能開心地邊玩邊賺。

（2）優勢表單法

這個方法是我從一位非常厲害的老師 —— Angie 那裡學到的。當我們的興趣愛好有很多時，就可以用優勢表單法確定哪個是最好的方向。

先找出 3～5 個興趣，我的興趣是投資心得分享、副業開發、旅行、營運和個人品牌打造。我從以下 5 個維度衡量自己在這

些興趣上的投入。

① 時間：我願意在每個興趣上投入的時間。

② 金錢：我願意為這個興趣付出多少金錢，如購買產品、
報名課程等。

③ 狀態：專注於這件事的心理狀態，即「心流」。

④ 交流：我是否願意經常和別人提起這個話題。

⑤ 分享：我最喜歡對外分享的點。

以月為週期，算出在每個興趣上時間、金錢、狀態、交流、
分享這 5 個維度的投入，每個維度的總分是 100 分，算出總分
後從高到低排序，把自己 80% 的精力投入最有優勢的項目中，
如表 3-1。

表 3-1 優勢表單

	時間	金錢	狀態	交流	分享	合計	排序
投資心得分享	50	10	35	30	45	170	1
副業發展	10	10	15	15	20	70	4
旅行	10	20	10	5	10	55	5
營運	10	25	25	20	10	90	3
個人品牌打造	20	35	15	30	15	115	2
合計	100	100	100	100	100	──	──

利用以上表單可以看出每個興趣在時間、金錢、狀態、交流和分享上的情況，最後會得出一個分數，進而得知哪些興趣值得持續投入。把 80% 的時間投入排名第一的項目，把剩餘 20% 的時間留給其他項目，探索人生的邊界，也許能從中延展出更多的可能性。

實戰小演練

請用尋找「甜蜜點」法和優勢表單法
找出適合你的副業方向。

副業類型：兼職、電商
及自媒體變現

前文介紹了找到自己副業方向的兩種方法，每個副業
方向賺錢的具體方式也有很多種。本節將簡略介紹不
同的副業類型，以及它們是經由什麼方式完成變現。

• • •

▌兼職型副業

　　兼職型副業和主業一樣是藉由出賣時間以換取收入，大致
上可以細分為以下 3 種類型。

（1）主業延伸型

　　「主業延伸型副業」是指把我們在主業中掌握的能力用於幫助某些人解決問題。例如，我在留學生求職機構兼職做導師，為從國外學成歸來的畢業生推薦合適的公司和職位，協助他們修改簡歷及面試，其實就是傳授我面試員工的經驗和自己的求職方法，以換取收入。

　　如果你暫時找不到工作之外的副業，也可以把公司正職當成自己的事業來做。例如在擔任互聯網公司營運總監的 3 年多內，我做過產品經理、資料分析、廣告投放、設計主管、IP 商務、影劇內容策劃等多項工作，一人身兼數職。這也是我後來副業探索之路比較順利的原因。

（2）技能愛好型

　　也可以把自己的愛好或一技之長發展成副業。例如我有個學員娟子對於營養學非常感興趣，閱讀了很多與營養學、醫學相關的書籍，考取了營養師資格，成為全職媽媽後運用她的營養學知識養育兩個孩子。後來更把這項技能包裝成諮詢產品，協助周邊或是網上其他媽媽們解決孩子免疫力下降、過敏等問

題，也輔導和她一樣想從事健康事業的媽媽們邁出第一步。

　　總之，只要你的愛好或技能對別人有幫助，就可以成為副業，如畫畫、養花、裝修、化妝、搜集資料、心理輔導等。甚至擅長搜索和比價，能夠買到同等品質下最便宜的商品，也可以成為你的副業 ── 做「代購」。

（3）資源整合型

　　資源整合型副業是指找到資源的需求方和供給方，並撮合他們達成合作，從中賺取傭金。我辭職後做的第一個項目就是這類。需求方想找有廣告資源的平臺方合作，要求有 200 萬以上網站活躍數的 App 產品，我找了朋友任職的公司並促成了他們之間的合作。合作結算後我拿到了 6 位數的傭金。

　　促成公司之間的合作需要有專業度、人際資源、溝通能力等。當然，也有門檻更低的資源整合型副業，類如幫身邊的人推薦自己認可的老師。我每年都會在知識付費課程上花費百來萬元。如果遇到志同道合或是讓我認可的老師，我就把他們的課程或服務介紹給自己身邊有需要的朋友。作為感謝許多老師都會發一些傭金給我。朋友能買到好的課程、獲得成長，老師

也多了一個學員。我的無私分享不但加深友誼，同時也獲得了一些金錢回饋；對我們來說這是三贏。

▎電商型副業

電商型副業門檻低、天花板高，對執行力的要求比較高，可以細分為以下幾種類型。

（1）電商返利型

「電商返利型副業」是指藉由推廣商品來賺取收益，返利收益按成交訂單金額計算，不同商品的傭金比例不同。以淘寶為例，透過淘寶聯盟獲得商品推廣代碼，轉發到朋友圈、社群、公眾號或其他社群，消費者如果從此推廣連結成功下單後，我們就可以得到賣家支付的傭金，這些人被稱為「淘寶客」。有些經營成熟的淘寶客已經是公司化營運了，甚至有人單月營收可以做到 1500 萬元以上。

而且淘寶客也早已不再局限於淘寶平臺，許多境內、境外的電商平臺上都可以用這種推廣方式賺取收益，產業和形式相

當多樣化。例如，媽媽社群的團購、社區團購、購物平臺的好物分享、直播帶貨、抖音直播帶貨等都是屬於電商返利型副業。

很多人可能覺得商品返利一次只有幾角、幾元，但銷量和規模逐漸變大以後，返利還是很可觀的。

（2）無貨源賣貨型

這類副業賺的是資訊差，以及 A 市場和 B 市場之間的價差，入門門檻很低，不需要押金和庫存，非常適合普通上班族。

舉例來說：同樣一雙鞋子在 A 網站售價為 100 元，B 網站（淘寶）最低售價為 400 元，C 網站售價為 250 元。消費者在 B、C 網站比價後發現 C 較便宜，選擇在 C 網站下單。此時若你是此賣家，可以在買家付款後去 A 網站花 100 元買下鞋子寄給消費者，一單賺 150 元。

小魚在 C 網站經營一家二手書店鋪。某教材已經絕版了，在小魚的店鋪中，該教材的二手書售價為 1500 元。雖然比原價貴了 480 元，但由於學習的需要，某同學還是下單購買了。同學付款成功後，小魚以 1000 元的價格從孔夫子網站買下寄給下單的同學，一單賺了 500 元。

以上兩個案例都是無貨源賣貨型的真實案例。我曾在社群看到過一位專賣無貨源二手書的博主分享自己偶然進入這個行業的經驗，並藉由此方式賣二手書，第一年就賺了300萬。

許多購物網站直播、小紅書影片都可以用帶貨的形式銷售商品。這種副業的重點是在選品和鋪量，爆款商品訂單多，曝光率高，觸及消費者的機率也會更高。

（3）虛擬商品型

虛擬商品型副業的交易標的是虛擬商品，包括超市卡券或點數、信用卡會員權益、影片平臺和電商平臺的 VIP 會員、電信營運平臺的通話費、遊戲點卡、高端酒店的會員權益、餐廳或購物中心、醫學中心的代排、代掛和餐廳折扣券等。

這類副業的賺錢邏輯也是低買高賣。重點是找到低價管道或是要花費體力和精神，但這類副業比較瑣碎，需要一些溝通成本。

▎自媒體型副業

自媒體型副業現如今已經是一種很常見的副業了。抖音、小紅書、微信公眾號、影片、嗶哩嗶哩、IG、臉書、Podcast、Youtube 等等，各式各樣的平臺興起為內容創作者提供了非常大的紅利。

自媒體型副業的變現方式不僅多樣、自由度高，而且進入門檻低，主要有以下幾個方向。

（1）做各種類型的博主、網紅

美食、寵物、美妝、穿搭、兩性情感、美食探店、搞笑、唱歌、家居、園藝……只要你想得到的，都能在自媒體平臺找到你的受眾粉絲。常見變現方式有以下 4 種。

一、廣告變現。粉絲數上漲後，你可以接商家廣告。例如：我的小紅書帳號在達到 1000 粉絲數時，就接到了滙豐銀行 2500元的廣告置入。這條廣告圖文在發佈的 7 個月後還一直讓我持續漲粉。由此可見，廣告變現的門檻低，但內容的長尾效應強。

二、電商帶貨。有了粉絲後，你就可以挑選符合粉絲屬性

的商品做直播帶貨，賺取商家的傭金收入和直播打賞收入。

三、平臺流量獎勵。部分平臺有影片和直播流量獎勵，達到一定的條件，就可以按照一定的比例兌換現金獎勵。

四、知識付費變現。例如，若我是日語老師就可以教日語；程式設計師可以教程式設計；自媒體經營者可以教別人如何經營自媒體，或在平臺經營帳號、如何靠自媒體變現等。

（2）做商家代營運

具有營運經驗、曾有成功案例經驗的人也可以為公司或商家提供代營運服務。但是，代營運一方面必須受限於商家要求；另一方面通常費用相對較低，也是用時間換取金錢的副業類型。

（3）做專家型顧問

如果我們在某個領域有比較多的經驗，例如在小紅書有 20 萬以上的粉絲，很清楚如何透過流量獲取產品變現的整個步驟，就可以考慮幫其他 KOL[b] 或公司做顧問服務，幫助客戶解決營

注 b　KOL 為 Key Opinion Leader 的縮寫，意思是具有影響力的人、關鍵意見領袖。

運和業務增長難題,賺取顧問費和業務分成。

　　這種副業對於專業度的要求比較高,通常會先商議好必須達到一定的業務目標。但在對方達成業務目標的情況下,專家顧問型的副業收入通常是非常可觀的。例如:我現在接的案件收入通常都超過 6 位數以上。

實戰小演練

請你從本節介紹的所有類型的副業中
選擇 1~2 個可以嘗試的,立刻實踐。

尋找副業機會：
從需求中找到賺錢的方法

> 所有的商業模式都基於「供需關係」。我們生活在現代社會，對於各種需求實在太多了。每個需求背後都對應著可以滿足需求的人和物，這就有了交易的基礎。有了交易，就有了賺錢的邏輯。

· · ·

　　我最常被問的問題就是：如何才能從生活中發現那麼多的賺錢機會？舉例來說，我坐飛機時會發現航空業有復甦的跡象，就去買航空類、旅遊類股票，獲利 20% 以上；出門旅遊時發現五星級酒店會員權益中隱藏了賺錢機會，不僅省錢還讓我賺到錢；買個乳液、面霜也都能從中找出兩種做副業的方式，分享

給更多人。

大部分人在副業探索的路上總是先把一隻腳邁出去，但還沒落地就收回來，再換個方向邁一隻腳，類似這樣不停地從自己的舒適圈邊緣往外探索，但卻遲遲走不出去，最後把找不到副業的原因歸結為自己沒有長處、沒有資源、沒有錢、沒有時間、沒有貴人……但是其實這些都是為自己的膽怯和懶惰找的藉口。

瞭解以上 3 種副業類型和不同的收入方法後，接下來告訴大家如何找到副業機會。我認為可以從以下兩個角度出發。

（1）從自身需求出發

這個方面分為 3 個步驟。

第一步：先往內看，從自己的生活、娛樂、成長需求出發。

第二步：從需求去尋找對應的解決方案，加以瞭解方案背後的賺錢邏輯。

第三步：把解決方案銷售給有共同需求的人。

例如去年春節我找妹妹陪我看電影，但是電影票實在太貴

了，我就上網去尋找電影折扣券，結果找到信用卡權益福利而釋出的票券，我購入後再轉賣其他人，兩張票＋爆米花可賺 150 元，一天售出 10 套，共賺取 1500 元。

先清楚自己賺什麼錢、管道在哪後，就可以用同樣的方式把東西賣給其他有相同需求的人！依此類推，我們對任何需求都可以探究背後的賺錢邏輯和解決方案。有些賺小錢，有些賺大錢；有些收入的天花板低，有些收入的天花板高。選擇哪種方式主要看以下兩點。

第一、每種方式的時薪是多少，算出時薪後挑選 2～3 個時薪最高的去做。

第二、與自己的時間價值對比，如果同樣的時間投入其他事情能帶來更高的收益，就選擇投入收益更高的事去做。

（2）從別人的需求出發

我認為可以從以下 3 個方向找需求：

第一，從職業領域找需求。

第二，從興趣圈找需求。

第三，從社交平臺找需求。

前兩個是我們投入時間最多的方向。職業領域的需求也分為職業技能提升、職場規劃、生活好物需求等。職業技能提升和職場規劃類的需求往往不太明顯，而且同事關係也比較敏感，不太好貿然接觸。倒是生活好物分享可以在閒聊時毫無痕跡地提及，再結合前文講到的電商返利類副業去經營。

興趣圈的人之間通常沒有利益衝突，大部分都是單純的同好關係，比較容易產生信任。可以從共同的學習需要出發，如一起學習理財、攝影、剪輯等。

至於從社交平臺找需求，就看我們平時是否用心了。例如，我在流覽小紅書時看到有人尋找好吃的仙居楊梅，剛好去年我買的仙居楊梅很好吃，就可以私信分享給她；2020 年我在網路論壇上分享參與股票交易經驗後，這 3 年一直有人私訊問我如何操作；2022 年，我幫父母購買保險後，把方案的截圖發在小紅書和抖音上，這半年來已經有上百人問我怎麼買，想要直接照抄我的方案。

無論是從自己的需求出發，還是從別人的需求出發，我們都需要有一顆觀察生活的好奇之心。此外，我們要努力突破自己的認知邊界，只要找到存在資訊差的地方，就可以順著資訊

差探究副業的賺錢方式。

挖掘到副業機會只是第一步，下一節將探討如何放大副業的賺錢效應。

實戰小演練

請思考你自己和身邊人的 **1~2** 項需求，
找到解決方案和背後的賺錢邏輯。

▍選對副業，讓你的時間更有價值

副業的方向有很多，每一個都需要投入時間和精力去探索、研究。然而每個人的時間都是有限的，不可能把 24 小時變成 36 個小時，所以必須做出取捨，讓時間產生更多價值。我認為可以從以下兩個維度考慮如何取捨。

（1）心力的投入

「心力」聽起來是一個比較抽象，可以理解為意念或是意

志力。心力強大的人情緒穩定、思維敏捷，做事時能快速進入身心合一的狀態。如果你在做一件事情時心情愉悅、經常能進入心流狀態[c]，那個這件事對你來說就是值得投入的。

　　副業的類型有很多，我們能做的也有很多，可選擇 1 ～ 2 個不會過多損耗我們心力的，不要什麼都想做。例如：營運是我擅長的，2022 年我曾執著於成為更優秀的、身價更高的企業營運顧問，為此花了幾十萬元去找更優秀的老師學習，看了許多相關的書籍，也擔任參與了一些上市企業的營運顧問。但是我發現這件事相當損耗心力，我無法忍受長時間被甲方公司牽著走，也不想永無止境地開會。一件事情需要不斷地溝通、讓步、傳達，並沒有辦法讓我進入心流狀態。所以我索性放棄它，專注於在平台上做個人成長和投資心得分享。

（2）時間的投入產出比

　　算出時薪後我們就可以算出自己在該副業上的投入產出比，然後根據時薪的高低選擇投入產出比較高的副業。

注 c　一種特殊的精神狀態，當你極度專注時完全沉浸其中，效率和創造力提高而忘記時間、飢餓、甚至忘記所有身體訊號。

舉例來說：我在擔任營運顧問 1 個月的收入是 250000 元，每周需要投入 8 小時，1 個月就是 32 小時，時薪是 7812.5 元。如果另一個副業的時薪是 12500 元，我就會選擇時薪 12500 元的副業，放棄時薪 7812.5 元的副業。

副業和主業收入最大的不同在於時間價值，具有更大的延展性。我們主業只能就職於一家公司，每個月拿到固定薪水。既不可能同時拿兩家公司的薪水，也不可能讓公司發雙倍。除了升職加薪或業績達標拿獎金，我們的時間不可能產生更多的價值。

相對而言，副業的可能性就更多一些。如何在副業上讓我們的時間產生更多價值呢？可以從以下幾個方面努力。

（1）單位時間賣得更貴

應該努力提升自我技能，為別人帶來更高的價值，讓單位時間變得更值錢。2020 年，我入駐在行平臺 [d] 幫助職場人做職業規劃方面的諮詢，價格是 500 元 / 小時。隨著諮詢量和好評的

注 d　在行平臺是指果殼網創立的知識共用平臺，可以一對一約見不同領域的專家。

累積，後來價格漲到了 4000 元 / 小時。

在某一次為美團總部的營運人員做諮詢的過程中，我發現每年 3 ～ 6 月是互聯網公司「晉升季」，但很多想要職級晉升的人不會寫晉升 PPT，不知道怎樣總結自己以往的項目經驗和方法。所以我順勢開了職場晉升答辯輔導話題，漲價至 8500 元 / 小時。2021 年，我幫助 10 幾位知名公司的學員完成了晉升。

後來，我又開了公司營運相關的話題，幫一些留學機構、私募基金、想要從線下轉型到線上的公司 CEO 做業務增長方面的輔導，我的時間價值漲到了 11500 元 / 小時。

（2）把一份時間賣出多次

把自己的單位時間賣得更貴只是第一步，就算把時薪漲到 11500 元 / 小時也只賣出一次。那如何能把一份時間賣出許多次呢？需要付出更大的努力。具體應該怎麼做呢？我用自己的經驗來舉例。

我喜歡在小紅書分享自己的學習成長經驗，把同一部影片分發到小紅書、抖音、YT 等多個平臺，不僅能獲得廣告收入，還能獲得流量獎勵收入。

我還把自己的經驗做成實體課程，教授給 100 位學員，再包裝成線上影音課程上架多個平臺，這樣我製作的課程就能賣出許多次。加碼出版的這本書，也是把一份時間賣出多次的典型案例。

（3）搭建團隊，形成自運轉系統

有了時薪的概念後，我的做法發生了許多變化。當我的時間價值更高時，可以把時間價值低的工作外包給別人。例如做飯、打掃等家務每天要花 4 小時，而我的 4 小時可以產生 40000 元以上的價值，因此我可以花 15000 元 / 月請一位阿姨幫我解決家務問題。

家務如此，工作也是如此。光靠一個人要撐起一家公司是不可能的。我平常的工作中有很多瑣碎的部分，如活動策劃、社群營運、公眾號文章排版等，於是我組建了助理團隊。請助理們幫我完成一部分工作，我的時間就可以拿來生產更多更好的內容。

其實，無論是主業還是副業，我們都應該把自己的時薪放在心中。算出時薪價值後，很多決策就沒有那麼難做了。

第一，判斷一件事該不該外包給別人取決於外包的成本是否遠低於你的時間價值。

第二，判斷該不該跳槽也可以算一下時薪。很多時候月薪會迷惑我們。假設我現在做的工作月薪 50000 元，每天工作 7 小時；另一個工作機會月薪 65000 元，但每天要工作 12 小時。那麼，我還會因為月薪變高而跳槽嗎？

第三，算出時薪後，我們就不會心安理得地浪費自己的時間了，每浪費 1 小時刷短影片，都會損失 1 小時的收入，想想就很心疼。

從今天開始，努力提高你的時間價值吧！

 ———— 實戰小演練

請計算你的時薪，並思考接下來怎樣提高你的時薪。

分享我的第一桶金經驗
保養品小樣讓我存下 50 萬元

想和大家分享我利用副業存到第一桶金的故事。

2009 年 12 月，我正在公司實習，被公司調往北京總部工作。大城市的一切對我來說都相當新鮮，買衣服、吃美食、看話劇、交朋友豐富了我的生活，毫無節制地花錢導致我的財務崩潰了。2010 年 10 月，我因交不起房租逃離了北京。

2010 年底，我看到了羅伯特・清崎的《富爸爸窮爸爸》這本書，才意識到自己以前的消費觀和金錢觀有多糟糕，財務崩潰是遲早的結果。如果當年的金融環境也像現在這樣容易借貸的話，或許我離開北京時已是負債累累。我從《富爸爸窮爸爸》中看到了富人和窮人在金錢處理上的區別：富人會不斷地買入資產，資產產生收益，再不斷買入資產，這是一個正向循環；而窮人發了薪水後只有消費和付帳單，現金流沒有形成正向循

環。當時的我暗自下了一個決心：先攢夠第一桶金 50 萬元，有了本金就開始學習理財。

但如今再回頭看，「先有錢才能開始理財」其實是一個錯誤的認知。理財不僅僅是有了錢後怎麼配置資產，怎麼買基金、股票等理財產品，這樣理解太狹隘了，它更重要的意義是讓我們學會如何對待金錢。正確的金錢觀可以指導我們從生活中發現賺錢的機會，幫助我們更積極地面對人生，找到更多實現財富增長的路徑。這個錯誤的認知讓我整整浪費了 3 年，直到 2014 年我才開始學習投資。

打開新世界的大門

2010 年 10 月我回到南京，逛當時的網路論壇時發現了一個板塊——「食在南京部落格」。版主會不定期發起吃「霸王餐」活動，我每次都積極地報名，也在一年內抽中了五、六次吃「霸王餐」的機會。那時的「霸王餐」還是由論壇的工作人員帶隊，組織所有中獎人一起圍著圓桌吃飯。大家可以在吃飯的過程中認識不少新朋友，我也在幾次吃飯的過程中認識幾個聊得來的女孩。有一個女孩小敏，在隨後 2 年中無形地加速了我存到「第一桶金」的計畫。

我當時閒來無事就喜歡在「論壇」裡看別人寫的帖子，像是旅行帖子就讓我大開眼界又心生嚮往，但那些店當時都是我消費不起的地方。某次我閒逛時發現了「南京贈品部落」，點進去後就像發現了新大陸。我看到一些人分享哪個商場有活動，參加活動可以領一包抽取式衛生紙；哪個化妝品品牌有新品推廣活動，填手機號就能收到短訊並領取試用品小樣，其中包括蘭蔻、雅詩蘭黛、赫蓮娜（HR）、資生堂等中高端保養品品牌。

我試著按照帖子裡分享的資訊打開品牌活動頁面，填入手機號碼後馬上收到了品牌方發來的小樣領取簡訊。我還記得自己參與的第一個活動是資生堂的冰川水推廣。我拿著簡訊心中忐忑地去專櫃櫃檯，登記後就領到了 50mL 的冰川水中樣。後來我又陸續領了 SK-II 青春露 10mL、還有各種面膜等，從此開啟了我的「小樣」事業。

此前，我只用得起 100 元 500mL 的絲瓜水，這些大品牌的保養品當時我是連看都不敢看的。也是在這個過程中，我認識了 La Mer 海洋拉娜、赫蓮娜（HR）、La Prairie 萊珀妮、Sisley、肌膚之鑰等保養品品牌。

自利與利他思維

我領回了許多小樣，除了自用之外，也送給媽媽、妹妹及未來婆婆使用。但還是剩下許多，所以我上論壇變現。

10mL 的青春露可以賣 50 元、7mL 的海洋拉娜精華凝霜當時可以賣到 800 元……對於當時每個月薪水只有 1 萬多元的我來說，還有什麼比這些只需要付出時間和交通費就能獲得可觀收入更好的呢？

這件事情比工作更讓我興奮。沒有哪個女孩子不會對名牌護膚品著迷，更何況它給我帶來的正回饋非常快。但我很快發現一個人做一次品牌推廣只能領到一份，能賺到的只是小錢。想要賺得更多，我需要解決兩個問題：一、擁有更多的手機號碼，二、獲得更多的活動資訊。

當時小敏在其中就發揮很大作用，她和我分享了「上海贈品部落」的網站資訊。這個網頁的資訊量更快、更多，至少是原來那個論壇的 3 倍。解決了獲得更多活動資訊的問題，手機號的問題我就必須自己解決了。那時我趁著電信公司經常有簽約送免費手機的活動，從這個管道拿到了 3 個手機，註冊了 3 個手機號，還拉上媽媽和朋友也一起參加活動。

這件事也是建立我多維思考的起始，解決資訊和手機號這兩個問題後，小樣的數量很快就上來了。量出來後，接著就要解決出貨問題。為了更快地賣出保養品小樣，我嘗試了很多賣東西的管道，像是許多女性論壇和購物網站。

如此賣保養品小樣我賣了 4 年，商品周轉很快，基本上不缺客戶，因為我和別人的做法不一樣。首先，我會記錄下每位買過客戶的需求和膚質，有新的適合她們的產品時第一時間通知她們。即使我手上暫時沒有她想要的商品，我也會想盡辦法收來販售給她。

其次，我寄送快遞時不僅用心包裝，打上好看的絲帶，讓客戶有拆禮物的儀式感，每次也都會贈送其他保養品小樣作為禮物，一是為了製造驚喜，二是她如果試用後覺得效果好，會再來找我買。

這兩點與他人不同的做法幫我帶來了不少忠實客戶。其中有個女孩小燕，持續在我這裡連續買了 4 年保養品。我們成為了朋友，互相分享工作日常，激勵對方存錢，一起比賽存錢的速度。

當時，賣保養品小樣儼然已經成為我工作之餘的副業，而

這個副業幫我開發了更多收入管道。領到保養品小樣後，每當我嘗試新的保養品，我都會在論壇分享這個保養品的使用感受，還與其它同類型的單品做對比評測。我做這件事沒有什麼功利目的，只是單純想著可以把自己覺得不錯的產品分享出去，即使產品不好用也可以讓其他女生「避雷」。這就是利他思維，只不過當時我還不知道什麼是「利他」。

沒想到這些分享後來帶給我更多的收入和機會。我在一些女性時尚論壇發的帖子被平臺工作人員看到，讓我獲得了更多額外試用樣品的機會。我積極地參加論壇和時尚雜誌辦的活動，也讓我獲得了更多中獎或試用的機會。

其次，我的分享引起品牌公關的注意，經常能獲得品牌方的邀請去參加新品發表會，有下午茶和禮品贈送。還因此跟品牌方都建立了良好的關係，這份關係在我後來的兩段工作經歷中成為我升職的助力。

當然每個人的經驗或許無法直接複製，但我想和大家分享的是，藉由這樣的經驗我最大的收穫其實是思維的鍛鍊，也因此增加更多額外的機會。

為了做好副業，我深入研究了各大品牌的推廣策略和方法、每年不同單品的推廣週期，也藉此認識了不少護膚達人和女性論壇工作人員，打造了這方面的人脈。

所以 2011 年 4 月我去南京一家化妝品公司的市場推廣經理應聘，因為前面的經驗，我對化妝品市場的瞭解讓我成功被錄用。在職期間我替公司搭建、營運了官方微信、微博等自媒體帳號，建立起達人庫，制定了推廣活動計畫，與一些美妝公司建立了合作關係，並且成功入駐各大女性論壇。因為業績突出，不到 1 年我的月薪就從 12500 元成長到 25000 元。離職 2 年後，該公司創始人的哥哥創立了新品牌，還特意找我做諮詢顧問。

2014 年 5 月，從經營副業開始，3 年多之內我存下了人生的第一個 50 萬元，我立即去報名投資理財課程。這份試用品副業我做了 4 年。直到 2015 年我入職蘇寧購物後才中止。當時我的想法是，因為進入了新的人生階段，當下最重要的事應該是在正職職場中的深耕和成長。

回過頭看，我很慶幸當時擁有這段副業經歷，帶給我的不僅僅是收入增加，更深遠的影響是思維的變化。直到現在我依然會在主業、副業、投資、套利和個人品牌中用到這樣的多角

度思維模式。

　　我後來還將這個思維方式分享給了 3 萬多個學員。學員中也經常有人會回饋，這樣的思維方式讓他們增加了副業收入，獲得了主管的嘉許、升職加薪的機會和績效更好等。

第 **4** 章

建構投資地圖——
找到適合你的投資方式

認清財務現狀：你認為的資產，卻是缺少現金流的元兇

> 我發現一個很有意思的現象：我們內心深處以為的事實往往與實際現狀不盡相同。我們對生活的設想與現實生活的差距就如同白天和黑夜一樣。
>
> 每個人都渴望成功和幸福，都想過著有錢、有閒、有健康的生活，但卻不是每個人都能找到通往成功和幸福的道路。這是因為大部分的人認不清自己的現狀，在往成功和幸福奔跑的第一步就產生了分歧。

• • •

▍實現財富自由

什麼是成功和幸福？很多人看來，成功與擁有財富的數量

成正比。以為擁有一定的財富（或財富自由）後我們就不需要為了生存而計較柴米油鹽，可以做自己想做的事情，去想去的地方，學想學的東西，那時就擁有了幸福。

近幾年在網路媒體上經常出現關於財富自由的口號和宣傳，博主、網紅、作家們紛紛分享他們的資產達到什麼程度才算是財富自由、怎樣才能實現、達到財富自由後生活是什麼樣子……這樣的內容也往往能獲得比較高的點閱率和和按讚數，因為大部分人都很難實現財富自由，但都將它視為奮鬥努力的目標。

如果我們試著在當下的生活狀態和實現財富自由之間畫一條線，現在是起點，財富自由是終點，那麼如何從起點到達終點便是我們要尋找的答案。在此之前要先確認起點和終點是什麼，才能規劃出實現路徑。

那麼，怎樣確認達到終點呢？財富自由是指一個人無須為生活開銷而努力工作的狀態。簡單地說，就是一個人的被動收入等於或超過他的日常開支，進入這種狀態就可以稱為財富自由。假設我一年的食衣住行和學習開支加起來是 150 萬元，如果我的被動收入超過 150 萬元，就算是實現了財富自由。如果我的本金超過 1500 萬元，而且每年的投資殖利率超過 10%，投

資收益平衡了 150 萬元的生活支出，就算實現了初步財務自由。但如果我想生活得更舒服一些，擁有自有住宅，在二線城市假設 1000 萬元／一間房計算，則只要擁有 2500 萬元的資產、達到 10% 以上的投資殖利率就可以實現財富自由。

知道了終點，只要知道起點在哪，我們就可以拆解出路徑。

▎認清自己的財務現狀

我有做月度複盤和年度複盤的習慣，除了複盤每個月、每年做了什麼事情、去了哪些地方、連接了哪些優秀的老師、健康的狀態，還有更重要的就是複盤財務狀況。

我會把自己當成一家公司，詳細記錄各項收入和支出情況，算出我的利潤率和投資殖利率，再比對我設定的年度目標和計畫，設定幾歲退休的目標，然後調整未來的工作和投資計畫。這和我在職場時的工作習慣一樣，拿到公司給的 KPI 後，以終為始地從目標推演實現目標的計畫，做好計畫的第一步就是「檢討現狀」。

我近兩年曾向 3000 多人分享了正確的投資觀念，包括如何

建立起自己的投資框架，如何找到適合自己的投資方法。第一步就是檢討自己的財務現狀，看清自己的資產、負債，計算出淨資產有多少，以及如何分配資產才能達到預期殖利率。

資產分為現金資產、投資資產和固定資產三部分。現金資產包括銀行存款和貨幣基金（投資貨幣市場的開放式基金），投資資產包括債券型、指數型、主動型等非貨幣型基金、股票、銀行理財、儲蓄型保險、期權等，固定資產包括房屋、汽車等。

負債分為短期負債和長期負債。短期負債是一年內要還的負債，如信用卡、信貸、消費性貸款等；長期負債則是超過一年要還的負債，如房貸、車貸、企業經營貸款等。

用總資產減去總負債，就是淨資產，代表當下我們的資產狀況。我以小 A 為例製作一張資產負債表，具體的資產負債資料如下表 4－1 所示。（此案例之貨幣單位為人民幣）

資產負債表中要注意，負債中借款的現金要在資產的現金中體現。例如，小 A 原本有 10000 元（人民幣）銀行存款，他又去和銀行借了一筆 1000 元的消費貸款，那麼他應該在短期負債中的「消費貸款」欄填入 1000 元。這 1000 元現金實際上裝入了他的口袋，所以資產的「銀行存款」項中增加 1000 元現金，

表 4-1　小 A 的資產負債表

項目	合計（元）	明細科目	金額（元）	比例	預期殖利率（估算的殖利率）
現金	41000	銀行存款	11000	1.96%	1.50%
		貨幣基金	30000	5.35%	4%
投資資產	20000	債券型基金	0	0	6%
		指數型基金	0	0	10%
		股票	10000	1.78%	10%
		銀行理財產品	10000	1.78%	7%
固定資產	500000	房屋（市值）	500000	89.13%	5%
		汽車	0	0	-8%
總資產（元）			561000	100%	—

項目	合計（元）	明細科目	金額（元）	比例	備註
短期負債	1000	信用卡	0	0	
		消費貸款	1000	0.55%	
		貸款利息	240	0.13%	
長期負債	180000	房貸餘額	180000	99.32%	
		車貸餘額	0	0	
		其他	0	0	
總負債（元）			181240	100%	
淨資產（總資產 - 總負債）（元）			379760	—	—

※　此表貨幣單位為人民幣。

加上原有的 10000 元銀行存款，共計 11000 元。同時，在負債中的「短期負債」欄中需增加 1000 元的貸款利息 240 元。最後計算資產負債率，公式如下：

資產負債率 = 總負債 / 總資產

資產負債率可以反映一個人的財務槓桿，負債率值越低越好。如果高於 50%，我們就需要警惕和調整了。

大部分人都沒有檢視自己財務狀況的習慣，僅僅知道自己每個月發多少薪水，但是不知道花了多少錢、負債率是高還是低、有多少錢可以拿來投資和增值。

從這張資產負債表就能確定自己每個月賺多少錢、有哪些資產和負債，以及淨資產有多少。錢不夠花時我們就可以從這張表上看出到底是因為自己賺得太少還是花得太多。

確定了財富自由的目標和現狀，我們才能更好地規劃財富自由實現路徑然後加以導航。

▍資產和負債

　　要想實現財富自由，最重要的方式就是增加資產、減少負債。

　　羅伯特‧清崎在《富爸爸窮爸爸》中曾提到：「資產是能把錢放入口袋裡，負債是把錢從口袋取出。」10 幾年前我的財商啟蒙就是從這本書中資產和負債的定義開始的。資產是把錢帶入我們口袋，例如可供出租的房子；負債是把錢從口袋中取出來，如自住的房子。當時這個定義顛覆了我過去 20 年的認知。按照以前的常識，房子應該是資產，而且是家庭的核心資產。但是，自住性房產不僅不能帶來任何現金流收入，還需要支付各種費用（物業管理費、水電費、維修及裝修費、房屋稅、土地稅、貸款利息等），讓錢從我們的口袋中源源不斷地流出，因此是負債。

　　這個概念看似簡單，但實際上不容易判別。例如，買來開計程車賺錢的汽車是資產，買來自己用的汽車是負債；花 5000元買但沒有加以吸收的課程是負債，花 4000 元學習但賺回了10000 元收益的理財課是資產。

在生活中有很多類似的例子。從理財的角度看，區分一件事物是資產還是負債的關鍵就在於它是幫你賺錢的，還是讓你花錢的。而區分富人和窮人的關鍵就在於看他們如何使用自己的錢，是不斷買入資產，讓資產持續產生收入，形成正向閉環，還是一昧地在食衣住行中消耗所有的收入。兩者最大的區別在於錢是如何流動的，如圖 4-1 所示。

圖 4-1　富人和窮人的資產流向

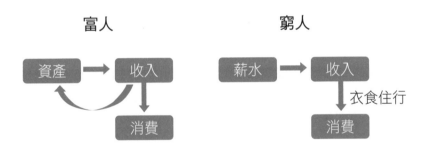

我們要想早日實現財富自由，就必須學會用富人的思維方式對待金錢，不斷買入資產，產生正向現金流。

實戰小演練

請列舉你生活中哪些是資產，哪些是負債。

堅持記帳：分清楚必要和想要，利用「想要」的力量賺錢

以下有哪幾點是你現在有或者曾經有過的想法？

▶「月光光」不是因為我不存錢，而是我賺得太少了。

▶ 等我未來賺得更多時，我一定能每年存 50 萬元。

▶ 發了薪水先花再說，月底有剩下的錢我再存起來。

▶ 我這個月原本想存 10000 元的，可是朋友結婚必須包紅包……

▶ 保養品用完了，如果現在不買，以後做醫美要花更多錢。

▶ 這個課程要 50000 元，可是學了以後能賺到錢，只好先用信用卡支付吧。

這樣思維只是表像，背後是我們對於金錢缺乏掌控感，被欲望牽著走的生活狀態。檢討是什麼原因導致我們「月光」、存不了錢、花得比賺得多、旅遊無法隨心所欲、想投資卻沒有本錢的根本原因。

▍人的欲望是無止境的

很多人談到存錢、月光的問題，都會說「我現在賺太少，等我有錢了就會存錢」。其實這也是一個認知誤區。能否存錢與我們管理錢的方式有關。陷入這種思維誤區的人即便是月薪增加到 10～30 萬元，依然會「月光光」，因為人的欲望會隨著收入的增加而增加。

我有個學員珊珊，當時她薪水 25000 元 / 月，下班點個 50 元的麻辣燙當晚飯就無比滿足了。後來當薪水漲到 15 萬元 / 月，她覺得必須犒勞自己，吃飯都得吃人均 4000 元 / 餐的日式料理。以前背 500 元買的新包包也能開心一整天。有錢時，想到的是「只有 25 萬元的 LV、香奈爾的包才配得上我」。

其實我曾經也短暫地在這樣的物質欲望中迷失過。2018 年前，我的薪水是每個月 50000 元，稅後再扣掉房租、車貸和其他必要的生活開銷，每個月只能存下 10000 元。我不敢買太多衣服，只能去便宜的川菜館吃飯，買低於 1000 元的包。2018 年下半年，當我的月收入 250000 元以上後，我開始給自己買 15000 元的包，去人均消費 2500 元的餐廳過生日，吃一次外賣要花掉 500 元。到年底時，我檢查記帳軟體裡的收支分析表才

發現，一年中有 60% 的收入都被自己吃喝玩樂用掉了，這才讓我清醒。幸好我十幾年來都有記帳習慣，即使短暫迷失也能在看到驚心的報表時回到正軌。

▍擺脫「月光」，從記帳開始

我們為什麼要記帳？有兩個原因：一、資料的呈現比較客觀；二、可以回顧過去。人類的記憶都是短暫的，我們無法在辛苦工作之餘，還留出腦容量記憶今天買菜花了多少、明天奶茶花了多少。藉由軟體記錄收支，我們才不會在月底複盤時怎麼也想不起來錢到底花在哪裡了。基於 10 幾年來的記帳經驗，我總結了一些實用的小技巧分享給大家。

（1）善用好用的記帳 App

我用過很多記帳 App，希望大家也多試試，找到最適合你的。

①支持增加不同的帳本

帳本不要共用，例如做生意的經營收支帳本、家庭收支帳本、投資支出帳本等，每個帳本可獨立匯總和個別分析。

②支援自訂收支款項

如果軟體內置的收支專案不符合個人需求，要找到可以自行增加或刪減項目的 APP，以滿足自己的需求。

③支援每週、每月、每年的分析報表

我們從報表上可以清晰地看到當期的收入、支出區塊，並定期複盤，有意識地減少超出預算的支出。

（2）每個月都做收支表檢討

資產負債表能幫助我們判斷自己的整體財務狀況健康，而收支表就像是醫院的身體檢查，可以幫助我們找到是哪個器官出了問題，以便對症下藥。

收支表的主要項目是每月收入、每月支出。每月收入可以分為主動收入和被動收入。主動收入是指我們付出的勞務和時間以獲取的收入，如薪水收入、獎金收入、副業收入和其他勞務收入等；被動收入是指不需要付出勞動獲取的收入，如投資收益等。可以將每月收入製成表格會更清楚，例如表 4-2 舉例。

每月支出可以分為「必要支出」和「非必要支出」。必要支出即滿足日常所需的支出，讓你吃飽、穿暖、有地方住。滿足

表 4-2　每月收入表示例

項目	合計（元）	帳戶	金額（元）	比例	備註
主動收入	4500	薪資收入	4500	100%	
		獎金收入	0	0	
		其他	0	0	
被動收入	0	投資收益	0	0	
		其他	0	0	
收入合計（元）				4500	

※　此表貨幣單位為人民幣。

個人消費欲望的是非必要支出，如買名牌包、旅遊、去熱門餐廳打卡等。每月支出可以製成表格以便每月複盤，具體示範如表 4-3 所示。

如此梳理完收支表以後，我們可以看出收入減去支出後的剩餘多少錢。如果收入遠遠小於支出就要保持警惕，先節流再開源；如果收入遠大於支出，我們就可以提高投資的比例，讓閒錢滾動起來。

做好記帳和複盤後，我們就可以有效地控制欲望並制定開

表4-3 每月支出表示例

項目	合計 （元）	帳戶	金額 （元）	比例	備註
必要支出	2200	飲食	300	48.89%	
		日常費用 （電話費）	250		
		交通費或車輛相 關消費	0		
		房租或物業費	150		
		人情往來	0		
		學習支出	0		
		房貸	1500		
		車貸	0		
非必要 支出	1500	置裝費	1000	33.33%	
		休閒娛樂	500		
		外出旅行	0		
合計支出（元）			3700	82.22%	
收入合計（元）			800	17.78%	強制儲蓄

※ 此表貨幣單位為人民幣。

源節流計畫了。但是請記住，存錢的目的不是為了當下必須過
著辛苦的生活，而是為了讓未來的人生有選擇權。

節流和延遲滿足

什麼是節流？簡單地說就是「省錢」。

2010 年我大學畢業。剛出校門的第一年，我也是「月光族」。那時候我和同事去批發市場買衣服，1100 元可以買 5 個包包和 1 件棉大衣。那時我的消費觀是不求品質、只求樣式新穎，天天能穿不一樣的就覺得很開心。

2011 年下半年，我看了《富爸爸窮爸爸》這本書後，意識到必須強制儲蓄才能買得起我家對面 35000 元 / 平方公分[a] 的房子。那一年我的薪水是 12500 元 / 月。開源節流之下我在 2014 年 5 月存下了 50 萬。關於節流，我可以分享一些好用的小妙招。

（1）發薪水後第一時間先存錢

每個月我都會做好當月的支出計畫。例如，每個月薪水 12500 元，我需要支出交通費和電話費 750 元、餐費 2500 元、衣服和保養品支出 1000 元，並且留 1000 元現金備用，剩下的 7250 元存到銀行。

注 a　每平方公尺 =0.3025 坪。

收到薪水的第一時間就先把 7250 元存好，我沒有開網銀，目的就是為花錢設立門檻，強制自己在拿到錢的第一時間儲蓄，剩下的錢用於當月的生活開支。

（2）學會延遲滿足

當我想衝動消費時，我強迫自己先離開那個場景。例如，逛淘寶時看到想買的東西就先加入購物車，然後關閉淘寶 App，一周後再決定是否要買。這時通常就已經不想買了，藉此省下一筆支出。

如果一周後我還想買，我就利用這股消費的欲望，想辦法從別處賺到或是省出這筆錢。

▌利用「想要」的力量

如果想要的東西超出了當月的預算，我也不會從銀行帳戶中取出錢。我一直告訴自己，就當作這筆錢已經不是自己的了，無論如何都不能動它。

「想要」的欲望會讓我們產生源源不斷的動力，催動我們

想辦法滿足它。那麼就去別處找錢吧，可以賺外快、做副業、擺攤賣東西，用這些多賺的錢滿足「想要」的欲望。例如我做過下面這些事情：

把我喜歡的課程推薦給需要的朋友，朋友報名後我可以得到 1500 元的推薦獎勵；在小紅書分享學習心得，增加 1000 個粉絲後接到了一個 2500 元的廣告業配……

生活中開源的方式其實非常多，當你打開思路，就會發現身邊到處都是賺錢的機會。

實戰小演練

請梳理自己的資產負債表和收支表，做出調整計畫。

第 **3** 節

複利思維：財富自由的關鍵
不是殖利率

巴菲特這樣總結自己的成功祕訣：「人生就像滾雪球，當我們發現很濕的雪和很長的坡，把小雪球放在長長的雪坡上，不斷積累、越滾越大，優勢就越來越明顯。」這裡的滾雪球思維也可以理解為複利思維。

• • •

▌複利是什麼

複利就是利滾利，把上一期的利息和本金合在一起，作為下一期的本金來計算利息，這就叫「複利」。

例如，你在銀行存了 10000 元的定期存款，存 1 年利率為

2%，那麼這筆存款到期時你會得到 10000 元的本金和 200 元的利息；到期後，你把 10200 元一起作為本金重新存了 1 年定期，這樣把每年產生的利息和本金合在一起作為下一年的本金，如此產生收益的方式就是複利，如圖 4-2 所示。

圖 4 - 2　複利示意圖

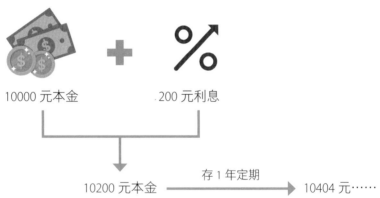

複利的計算公式如下：

$$F=P(1+i)^n$$

說明：F 是未來值，即期末本利和的價值，P 是現值，i 是利率，n 是計息期數。「複利」是投資理財領域非常重要的一個概念，是可以幫助我們變富的真相。

我把它用另一種更方便理解的方式來表達。

$$複利 = 本金 \times (1 + 殖利率)^{時間}$$

複利思維的誤區

關於複利的重要性，網路上流傳著很多聽起來激動人心的故事，你一定要聽過下列這個複利雞湯的故事吧？

17 世紀有一個荷蘭人用價值 24 美元的布料和飾品從印第安人手裡買下了曼哈頓島。曼哈頓現在是美國最繁華的商業中心，保守估價市值約 2.5 萬億美元。從 24 美元到 2.5 萬億美元翻了多少倍已經數不清，乍一聽是否覺得這筆買賣簡直太成功了？別急，我們再看看如果這個荷蘭人當年用 24 美元投資美股，按照美國股市近 100 年平均投資殖利率 9% 計算，最後會變成多少呢？

從 1626 年到 2023 年共 397 年，按照 9% 的年投資報酬率計算，24 美元會神奇地變成 17319 萬億美元，差不多能買 6927.6 個曼哈頓島！很遺憾的是大多數人對複利思維都有誤解。

錯誤認知 1：「複利」是財富無限增長的神話

大眾認知中的複利都是被刻意誇大的，實際上 1626 年根本沒有股市，自然也不可能發生過這個曼哈頓的故事。

即使有，誰又能保證年化殖利率穩定地保持在 9% 呢？不僅年化殖利率要穩定在 9%，還要延續 397 年，這根本是不可能做到的事。

錯誤認知 2：理財就是靠複利賺錢，等著滾雪球就行

很多複利故事都是把時間成本降低，把「年」變成了「天」和「秒」。例如：主管每天給調漲薪水，1 天漲 1 倍，第一天從 1 元開始，只需 30 天就能漲到 10.7 億元，這就是錯誤認知。

在現實世界中，我們每每提到殖利率（殖利率）通常是以年為單位計算的。而且現實生活中存在很多變數，找一個高收益的投資已經很難，還要在同一個投資上保持穩定高收益更是難上加難。目前為止幾乎沒有任何投資可以穩定持續 10 年、20 年、30 年穩定維持高收益。收益高的地方通常就會人潮洶湧，

先來的人獲得最多利潤，晚來的人分到點湯，最後看到鋪天蓋地宣傳進來的人就只能被套牢了。

投資不是一成不變的，它需要我們不斷地學習，保持對市場的敏感度，根據市場情況隨時調整自己的投資方向以提高自己的勝率。如果只靠自己投資做不到，就找一個信任的老師和社群一起努力吧！但是詐騙很多，記得要找可靠的老師以免上當喔。

錯誤認知 3：有了複利效應，我就不用努力賺錢了

這也是很多人看了誇大的複利效應後不經思考就形成的錯誤認知，以為投資複利可以讓你一輩子不愁吃穿。當你本錢很少時，努力提升自己的賺錢能力比複利投資更重要。

假設你薪水是 3000 元／月，3 年後存到了 10000 元，可以拿來投資了。若是能找到一個年化殖利率可以長期維持在 10% 的投資，於是投了 10000 元進去，希望在時間的加持下實現暴富。7 年後你連本帶利賺回了 19487 元。而對於其中這多出來的 9487 元的收益，若是你工作上努力提升自己的專業技能，實現升職加薪，或許不用一年時間就賺回來了，值得花 7 年的精力在這每年 1000 多元的收益上嗎？

我的意思是：不要把賺錢的期望全寄託在複利上。為什麼？因為在我們一生有限的投資時間裡，大部分收益都得靠的是本金先積累，然後才能利用到複利。

▌本金才是複利的關鍵因素

複利的作用建立在本金、殖利率和時間 3 個要素的基礎上。我們回顧一下前文提到的複利公式。

$$複利 = 本金 \times (1 + 殖利率)^{時間}$$

（1）本金

在複利中，本金是基礎。

假設我只有 10000 元的本金，每年複利利率為 20%，10 年後我能得到 61917 元，如表 4-4 所示；如果我有 10 萬元的本金，每年複利殖利率只有 10%，10 年後我卻能得到 259374 元，如表 4-5 所示；但如果 10 萬元本金，複利利率可達 20%，那麼 10 年後我就有 619174 元。

表 4 - 4　**10000 元每年 20% 複利的收益演示**

年份	期初資產（元）	年化殖利率	期末資產（元）
第 1 年	10000	20%	12000
第 2 年	12000	20%	14400
第 3 年	14400	20%	17280
第 4 年	17280	20%	20736
第 5 年	20736	20%	24883
第 6 年	24883	20%	29860
第 7 年	29860	20%	35832
第 8 年	35832	20%	42998
第 9 年	42998	20%	51598
第 10 年	51598	20%	61917

表 4 - 5　**10 萬元每年 10% 複利的收益演示**

年份	期初資產（元）	年化殖利率	期末資產（元）
第 1 年	100000	10%	110000
第 2 年	110000	10%	121000
第 3 年	121000	10%	133100
第 4 年	133100	10%	146410
第 5 年	146410	10%	161051
第 6 年	161051	10%	177156
第 7 年	177156	10%	194872
第 8 年	194872	10%	214359
第 9 年	214359	10%	235795
第 10 年	235795	10%	259374

很多人都信奉複利魔法，忘記本金的重要性，其實它決定了我們未來能有多少資產。而本金的增加通常是靠不斷努力工作和努力儲蓄而累積的。因此，在財富積累初期，我建議大家要透過提升工作和賺錢的能力賺取更多本金，這個階段比起把希望寄託在投資理財上，增加本業或是副業收入更為重要。當然我的意思不是說提早學會理財不重要，而是在一開始累積本金的階段應該把大部份精力放在賺錢和存錢上。也不要放棄任何賺小錢的機會，積小成多也是財富累積的必經之路。

（2）時間

在複利中，時間佔關鍵性的作用。因為它在指數位置，包含兩層含義：第一，時間越長，複利效應越明顯，所以理財要趁早；第二，你的本金能用於投資多久。

我們的收入中包含日常開支的錢、預備去旅遊的錢、留給未來的錢等，不同的錢各有不同的用途。我們應該要趁早學理財規劃，也尋找合適的投資方式。

用來增值的錢最好可以放「無限期」，如果不行至少也要「放 3～5 年」。所以我才一直強調，要用閒錢投資！

圖 4-3　美國近 200 年不同資產類別的年化殖利率對比[a]

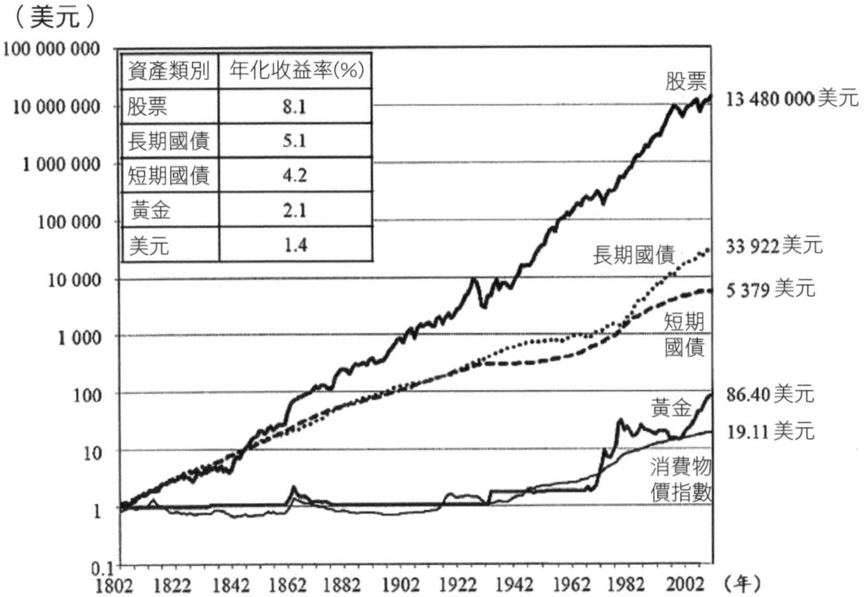
（美元）
100 000 000
10 000 000
1 000 000
100 000
10 000
1 000
100
10
1
0.1
資產類別
年化收益率(%)
股票
8.1
長期國債
5.1
短期國債
4.2
黃金
2.1
美元
1.4
股票
13 480 000美元
長期國債
33 922美元
5 379 美元
短期國債
黃金
86.40美元
19.11美元
消費物價指數
1802
1822
1842
1862
1882
1902
1922
1942
1962
1982
2002
（年）

（3）殖利率

不同投資品種的殖利率是不同的。美國的財政教授傑瑞米．西格爾在《股市長線法寶》著作中總結了美國 200 年間不同投資品種的殖利率，如圖 4–3 所示。

注 a　此圖來源於傑瑞米・西格爾所著《股市長線法寶》。

以這 200 年的時間來看，股票的殖利率最高。但是收益高的金融產品，風險也高。每個國家的股票市場略有不同，如果是投資中國 A 股市場則可投資的金融產品非常多。50 萬元以下的小資金本金要想獲得 30% 以上的年化殖利率，我認為還是有機會的，可以選擇證券市場中的套利機會。當我們的資金超過500 萬元時，想持續穩定地獲得 15% 以上的年化殖利率就比較難了。

▌複利曲線的祕密

關於複利，我們掌握了以上說的本金、殖利率、時間這 3個要素之後，還要真正地理解複利曲線。我們可以看看巴菲特的資產增長曲線，如圖 4−4 所示。

這條曲線就是典型的複利曲線。前 52 年一直都很不起眼，直到 52 年後開始一路上揚，正應驗了那句話，「量變引起質變」。這張圖說明巴菲特當下的巨額資產，絕大部分是他 50 歲以後賺到的。我們普通人沒有巴菲特那麼厲害的投資能力，複利曲線會比他的來得更平緩一些。

圖 4-4　巴菲特的資產增長曲線 [b]

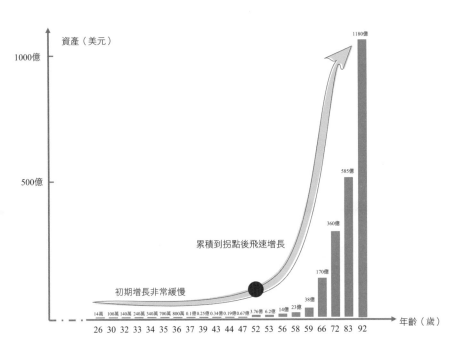

注 b　這張圖根據福布斯美國富豪榜等公開資料繪製。

巴菲特一生從未間斷過學習和研究投資，他曾被人稱為「行走的書架子」。巴菲特的複利曲線帶給我們兩點啟示：**第一，變富是需要慢慢實現的；第二，財富持續保持複利增長，需要終身學習、不斷學習提升才能做到。**

實戰小演練

　　如果你想實現被動收入大於支出的初步財富自由狀態，請計算需要積累多少本金，每年維持多少殖利率？

投資產品地圖：一張圖幫你看清財富世界的全貌

> 剛到陌生的城市，你做的第一件事是什麼？
> 我會打開地圖看自己在哪裡，搜索目的地，找到最佳路線和最方便的交通工具。這也是用到了以終為始的思維方式。

• • •

▍財富世界的尋寶地圖

人類的認知有 4 個層次：「不知道自己不知道」、「知道自己不知道」、「知道自己知道和不知道自己知道」。大部分人都處在最下面一層：「不知道自己不知道」。

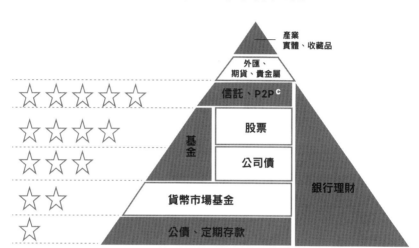

圖 4-5　財富世界的尋寶地圖

在投資世界中，認知也可以劃分為 3 個境界：不知道自己不知道、知道自己不知道、知道自己知道。95% 的人處在「不知道自己不知道」這一層，很多人都是透過得到消息和別人的推薦來投資，盲目地衝進超出自己認知範圍之外的地方，這些人有一個共同的名字 ——「韭菜」。只有 4% 的人處於「知道自己不知道」這一層，選擇在自己的認知範圍內投資，不懂的標

編注 c　P2P 是指個人對個人的私下借貸，屬於不被金管會監管的民間借貸。新型態 P2P 借貸也稱市場平臺借貸，是指藉由民眾集體籌資，透過網路將資金貸放給有需求者的一種小額借貸模式。

的不投，並努力拓寬自己的認知範圍。只有 1% 的人是集天賦和努力於一身的高手，對於各種投資產品都游刃有餘。

對一般投資人來說，如果能遇到好的機緣，從第一層跨到第二層，就已經可以獲得豐厚的回報了。想從低處往高處進階，就要提高自己的知識和技能，拓展自己的財富世界地圖。

同樣，如果想獲得財富自由，也需要這樣一張縱覽全域的地圖，看終點在哪裡，自己身在何處，哪些地方是「坑」不要誤踩，哪些地方可以走過去，規劃從起點到終點的路線。上圖 4－5 就是財富世界的尋寶地圖，也是投資金字塔。

圖 4－5 中從下而上的難度越來越高，回報和收益也也越來越多。但是，新手們的在認知不足、心態不夠好之下，我不建議挑戰金字塔頂的兩類投資產品。

公債、定期存款：1 星難度

公債就是國家向社會籌集資金而發行的債券。簡單理解，公債就是國家向你借錢，到期還本付息。通常公債的殖利率和風險都較低，因為背後是國家信用。一般來說，大部分的人都是投資美債公債的 ETF 為多。

而定期存款和活期存款是對應的，通常存款期限最短 1 個月、最長 3 年。1 年期也就是指你必須把錢存在銀行 1 年，到期才可以取出，但是利率比一般的活期存款稍高一些。

貨幣市場基金：2 星難度

貨幣市場基金在第二層。貨幣市場基金（Money Market Fund，簡稱 MMF）是共同基金的一種，金融業也簡稱「貨基」。所謂的共同基金是集合大家的錢去做特定用途投資，像是股票型基金就是專門幫你買股票，債券型基金就是專門幫你買債券。而貨幣市場基金則是買一些「高流動性且安全的短期票據」，是為安全性較高且具有利息的投資商品。

貨幣市場基金投資的是銀行的市場，所以風險低，報酬率也較低。但勝在比定期存款更靈活，可以隨存隨取，許多投信都可以申購。

公司債、基金：3 星難度

財富世界尋寶圖的第三層是 3 星難度的公司債和基金。公司債和公債的性質一樣，都是企業有融資需求，向市場借錢。

不同信用評級的公司債，殖利率也不同。

公債背後有國家信用擔保，公司債背後有企業信用擔保。雖然公司債的殖利率比公債高，但風險也會相對更高，有違約風險。有不可轉讓和可轉讓兩種，還有固定利率、浮動利率和收益型的不同，想要投資的人還是必須仔細研究之後再入手比較穩妥。

基金則是集合投資眾人的資金，委託專業投資機構（基金公司）基金經理人來投資、管理，投資的損益及風險由所有投資人共同分享及分擔的一種理財方式。簡單地說，基金就是你覺得自己不夠專業，把錢交給基金經理人打理，但要付出手續費和管理費，讓他幫你賺錢。我認為基金的投資難度是介於 3 星和 4 星之間，因為基金分很多種，有債券基金、股票基金、指數基金等。投資標的均不同，風險等級也不同。債券型基金和股票型基金雖然都是基金，但前者的風險較後者為低。

股票：4 星難度

我把股票定為 4 星難度，股票的價格波動大，同一檔股票的價格在短短數年內可能相差數倍，所以是風險高、收益也高

的投資品項，投資者需要具備較強的投資能力和知識。

但如果可以採用價值投資，把時間拉長，配合正確的投資方法，要有每年 8% 以上的年化殖利率我想還是可以做到的。

信託、P2P：5 星難度

簡單地說，信託就是「因為信任，所以託付」。與基金類似，信託是委託人基於信任將自己的合法財產委託給信託機構（通常是銀行），由信託機構按照委託人的意願為受益人進行利益管理和資產處置，通常用於高淨值人群管理家族資產。但是通常會有一定額的門檻。

信託的可投資標的比較廣泛，和理財產品一樣，目前也不一定保本了。

P2P 的原理是撮合個人對個人的借款。公司信用都有違約的風險，個人信用的風險就更高了。

金字塔最上面的外匯、期貨、貴金屬、收藏品、實體（通常指房子），再加上虛擬貨幣等，這幾類投資產品可以歸類到地獄（超困難）等級，我建議不真正了解的人不要輕易觸碰，很

容易血本無歸。

總之，投資必須謹守能力圈，只賺自己有把握的錢，是我們在投資世界中能活得更久的關鍵心法。

投資的「平衡金三角」

投資領域有一個「平衡金三角」，即投資產品的安全性、流動性和收益性三者無法兼顧，如圖 4-6 所示。

深入理解三者之間的關係能幫助我們從本質上理解投資。例如，我們把錢投入貨幣市場基金，或許只能獲得約 1.7% 的年化報酬率，但是具有很好的流動性和安全性；若是把錢投入股票，則具有高流動性和高收益，但需要為此承擔高風險，犧牲安全性；若把畢生積蓄拿來買房子，則是實體資產，安全性有保障，蛋黃區核心地段的房子以往的投資報酬率不錯，但變現能力差、流動性不足。

不管做任何投資都必須在這 3 個要素中有所取捨。同樣一個產品可能適合我但未必適合你，因為每個人風險承受力、資金使用期限及對流動性的需求不同。

圖 4-6　投資的「平衡金三角」

世界上沒有沒有最完美的投資產品，我們要做的是利用它們的不同性質，以達成自己設定的目標。我認為應該把「風險」作為首要考慮因素，怎麼判斷風險承受能力呢？有一個非常簡單的「80 法則」：

> **可承擔風險比重 =（80 －目前的年齡）／ 100。**

例如，我今年 34 歲，那麼我可承擔的風險比重就是 80 － 34 = 46/100，為 46%，我就用 46% 的閒置資金做風險較高的積極型投資。當然，這只是一個參考值，具體數值多少，還是要根據個人的投資能力和心態而定。

———————————————— 實戰小演練 ┐

請你根據自己的風險承受能力，
擬定投資計畫和不同類型產品的投資比例。

分享三種低風險、高收益的投資方式

眾所周知，低風險往往也意味著低預期殖利率，但是低風險、高收益的投資方式較為穩定，適合年紀較長或是風險承擔度較低的投資者，以下介紹三種我自己使用且認為較為低風險、高收益的投資方式，大家也可以依照上面介紹的各自選擇適合自己的，其他像是 ETF、基金或是定存等不同方法。

可轉換公司債

可轉債的全稱是「可轉換公司債券」。這個名詞有兩層意思：債券相當於借條，可轉債就是上市公司想借錢擴大生產規模，公開向二級市場的投資者募集資金，債券作為上市公司給投資者的到期還本付息的憑證；「可轉債公司」可以理解為公司賦予投資者的一項權利，如果公司上市後，投資者想拿利息，也可

以根據轉股價值將自己手中的債券兌換成公司股票。

　　簡單地說，可轉債就是優質的上市公司想要借錢所發行的債券，可將債卷轉換成普通股。具有「債券」和「股票」兩個不同的特性 —— 債性和股性。債性是指它的債券屬性，安全、穩定但收益低，不論可轉債上市後價格如何，最終公司都要按發行時定好的利息給投資者還本付息，這個本息加總之和就是可轉債價格的底，雖然依照各個國家利息不同，目前一些利率低的國家的票面利率是 0%，但是因為債券及可轉換成公司股票的特性，較為抗跌，所以還是挺受到某些投資者青睞。

　　假設每張可轉債發行時的價格都是 100 元。截至公司收回債券時，利息假設在 10 元左右，本息之和為 110 元左右。那麼，我們只要低於這個價格買入，就一定不會虧損。即使短期虧損，我們也可以持有至回售期再賣給公司，虧時間但不虧錢。

　　對普通投資者來說，最大的風險是股價的不確定性和公司倒閉導致本金虧損。但是可轉債發行初期承銷商通常會先銷售給公司內部的人、證券商大客戶、基金經理人等，後續才會開放在證券市場自由買賣，這也是一般投資人可參與的管道，買賣辦法和交易規則皆和股票相同，透過平常使用的股票券商下

單就可以買進，也可以直接買可轉債基金，可分散投資風險。

REITs 基金

什麼是 REITs 基金？簡單地說，REITs（Real Estate Investment Trust），中文稱作「不動產投資信託」，是類似封閉式共同基金（發行數量有限且會到期）的投資工具，投資的標的就是不動產。集合所有的機構和散戶的錢，交給機構進行不動產類專案的經營管理，投資者就擁有了「股東的分紅權」，機構賺到錢後給投資者分紅。除了每年給投資者分紅，REITs 基金還可以在證券市場上市，進行自由市場交易。

REITs 的主要現金流來源通常是「租金收入」及「不動產上漲價差」，加上台股規定 REITs 每年需配發一次股息，因此整體收益相對穩定；另外，因 REITs 內含多種不動產組合，加上台灣房價逐步攀升，REITs 也成為大家心中相對優質的避險投資工具。

儲蓄險

儲蓄險的風險和收益在投資市場上一直飽受爭議，我也曾經對儲蓄類保險產品存在偏見，認為它收益低、靈活性低、繳

費期滿之前現金價值低於本金，如果太早取出資金就會造成實質性的虧損。但在看到身邊很多有錢人都買了數百萬元甚至上千萬元的儲蓄險後，我很想弄明白其中的投資邏輯。

2021 年 11 月，我打算自己深入研究，所以入職了明亞保險經紀公司，成了一名專業的保險經紀人。在學習了大量的保險知識後，我為自己和家人買了 4 份儲蓄險，包括養老金保險和增額終身壽險。我原本只把 20% 的資金用於配置低風險資產，現在提升到了 30% 的比例。促使我改變觀念的原因有以下幾點：

（1）所處大環境的不確定性增加了

大家都知道，雞蛋不能放在同一個籃子中。自我開始學投資以來，經歷了美股 4 次熔斷等股市黑天鵝事件，短期市場情緒導致相關股票的價格快速下跌。面對這些情況，確定性收益對我來說變得尤為重要。而儲蓄險的收益寫在合約裡，這無疑是讓我吃了顆定心丸。

（2）利率下行是大趨勢

不管是活存還是定存，30 年間一直呈下降趨勢而且會持續下行。雖然保險的預定利率同樣呈下降趨勢，但保險有優勢的一點就是只要合約是固定利率，就會終身按照該利率滾動下去，

不受利率下修的影響。因此，儲蓄險對於風險承受能力低、既不會理財又想要資產增值的人來說是一個非常好的選擇。

（3）解決養老問題

儲蓄險分為養老金保險、年金險、增額終身壽險等。其中，養老金保險和增額終身壽險可以解決我們「退休後的日常生活」和「臨時需急用一大筆錢」這兩種需求，這兩種也是我最喜歡的儲蓄險品種。

有些增額終身壽險如果突發重大疾病時，可以取出一部分資金看病，剩餘部分還能繼續以複利滾動。

購買不同的儲蓄險可分別對應於不同的需求，我的建議是可以適時做資金分配，至少老後基本生活有保障。正確地認識和配置產品，能預防人生中的很多風險。

— 實戰小演練

請思考自己目前有哪些投資方法。

第 **5** 章

套利思維——
實現低風險、高收益

套利：最適合理財新手的
賺錢方式

什麼是套利呢？我先分享一個小故事。

2020 年 3 月初，各縣市之間運輸不暢通，大量水果在批發市場無法及時銷售，每天都有大量水果腐爛，批發商只能降價拍賣。我們社區門口的水果店從批發市場運回一貨車櫻桃，以 150 元 /1kg 的價格在社區群組中售賣，這時上海區同品種櫻桃價格是 490 元 /1kg。

3 月 5 日我正要開車回上海工作，同事知道我家門口的櫻桃如此便宜，願意用 250 元 /1kg 的價格請我代購。每箱 5 公斤，一箱可賺 500 元，10 箱可以賺 5000 元。同事用市場價 5 折的價格買到了櫻桃，我也賺了一筆小錢。如此雙贏的事，我自然樂意幫忙。

　　這種利用兩個市場間存在的價差，用較低的價格買入，再以較高的價格賣出，就是「套利」。

　　我與他人聊起起套利時經常發現大家都存有偏見，誤認為套利就是違法、違規套取利潤，是一種投機的行為。但其實不然，套利是在市場規則允許的情況下，利用資訊差合理、合法地獲取利潤、收入。

　　其實大部分的商業行為都可以歸為套利。例如：菜販從批發市場以批發價買入青椒、馬鈴薯，然後再以零售價賣給消費者賺取價差，這是套利；投資機構管理人從一級市場低價獲得公司股份，再於二級市場賣給散戶，這是套利；化妝品代購從海外低價購入產品，然後加價售出給消費者，這也是套利。

　　為什麼不同市場間存在著價差呢？因為「信息差」。你知道價格更便宜的購買方式，但別人不知道；或者有些商品比較稀缺，就會有溢價，想買它但又買不到的人就會加價購買，如當紅歌手的演唱會門票、盲盒的隱藏款、正版的迪士尼絨毛玩偶、暑期的親子酒店住宿券、53 度飛天茅台酒等。

　　套利的類型很多，不僅是實體商品、虛擬商品存在套利機會，證券市場也算套利，如股票有「新股申購抽籤股」等。

套利的確定性帶來安全感

在證券市場 9 年的投資心得是：證券市場的波動是無常的。當你滿懷希望覺得今年買的基金會漲時，突然來個黑天鵝事件，經歷半年的跌跌不休後帳戶虧損 25%，韭菜們就很容易就會對投資喪失信心而「割肉」賣出。這時或許儲蓄險 1.7% 的年化殖利率在你眼裡就像一顆珍珠，耀眼奪目。因為你知道好不容易攢下的本金是安全的，不但不會虧損，還能賺 1.7% 的利息。

我在自由人生公式中把套利放在與主業、投資同等重要的位置，主要就是因為它在三方面為我帶來安全感。

（1）面臨熊市大跌時，套利帶來的確定性收益能讓我正面地面對投資虧損時的心理壓力。

（2）套利是主業以外的收入，能幫我更快累積本金，而本金是財富增長的最大影響因素。

（3）套利能持續為我帶來現金流，而持續不斷的現金流可以在熊市時讓我買到更多的便宜股票。

表 5-1　本金 5 萬元和本金 50 萬元每 5 年的收益變化

年份	本金 5 萬元			本金 50 萬元		
	期初資產（元）	年化殖利率	期末資產（元）	期初資產（元）	年化殖利率	期末資產（元）
第 1 年	50000	10%	55000	500000	10%	550000
第 5 年	73205	10%	80525	732050	10%	805250
第 10 年	117895	10%	129685	1178975	10%	1296877
第 15 年	189875	10%	208860	1898750	10%	2088625
第 20 年	305795	10%	336375	3057955	10%	3363750
第 25 年	492485	10%	541735	4924865	10%	5417355
第 30 年	793155	10%	872470	7931545	10%	8724700

▎「套利」是最適合新手的賺錢方式

　　學員小 A 是小學教師，每個月薪水 30000 元。在上我的理財入門課後的第一個月，她用套利的方法賺到了 10000 元，第二個月賺到了 30000 元，第三個月賺到了 50450 元。她說：「第一次業外收入超過了主業收入，覺得自己的生活更有希望了！」

　　這樣的案例在學員中有很多，我之所以在分享理財知識時特別加入套利的內容，因為很多人都聽過學投資理財最重要的就是「複利」。只要時間夠長，殖利率夠高，複利就能把你的

資產像滾雪球一樣滾得無限大。但是其實大家常會忽視一個非常重要的因素 ——「本金」。本金 5 萬元和本金 50 萬元滾動的速度是完全不一樣的，如表 5-1 所示。本金 5 萬元以每年 10% 的複利滾動，30 年後的本息和是 87.25 萬元。而 50 萬元以每年 10% 的複利滾動，30 年後的本息和為 872.45 萬元。二者相差約 785 萬元。

實戰小演練

請仔細思考你的生活中有哪些符合套利邏輯的機會，列舉 **2~3** 個。

套利的類型：
實物套利、證券套利及商業套利

我們常說，人賺不到自己認知之外的錢。這裡的認知包括你瞭解資訊的管道，以及解讀資訊的能力。生活中處處存在資訊差，只要存在資訊差，通常就存在套利空間。所以套利的類型也非常多。

以下介紹三種常見的類型，分別是實物套利、證券套利及商業套利。

一、實物套利

實物套利的賺錢邏輯是稀缺性導致的商品溢價，先低價買入，再高價賣出。

例如，茅台酒除了商品屬性，還有社交屬性和投資屬性。社交屬性是因它是高端酒，消費族群定位在高收入者，就像愛馬仕、香奈兒包包一樣，在社交場合是財富和身份的象徵。投資屬性則包括兩方面：一是茅台酒本身有品牌溢價，而且茅台酒廠每年的產能有限，難以擴大產能、提升產量，供小於求也會帶來溢價；二是酒越陳越香，年份越久的酒在市場中價值越高，很多人把收藏茅台酒當作投資。

以 53 度飛天茅台酒為例，茅台酒廠的官方建議售價是人民幣 1499 元 / 瓶。一般在經銷商和茅台官方合作管道能以人民幣 1499 元買到，但數量有限。超市等市售管道價格為人民幣 3000 元 / 瓶～3200 元 / 瓶，批發商的價格為 2500 元人民幣 / 瓶 2800 元 / 瓶，每天的價格不同。這三個市場之間的價差就存在套利空

間，從經銷商到批發商的差價為人民幣 1000 元～1300 元／瓶，從經銷商到零售管道的差價為 1500 元／瓶～1700 元／瓶。如果我們能以 1499 元／瓶的價格買到，再以 2500 元／瓶～3200 元／瓶的價格賣出，可以賺到的利潤是人民幣 1000 ～1700 元／瓶。

而我們可以透過三個管道以 1499 元的價格買到 53 度飛天茅台酒。

第一類是電商平臺。例如，網易嚴選、京東、天貓超市、蘇寧購物等每天限量發售 53 度飛天茅台酒，我們只需要按發售時間準時開搶即可，我就曾搶到過 10 幾瓶。

第二類是各地商超，某些超商購物時若滿足一定的條件，就可以抽籤獲得 1499 元買飛天茅台酒的機會。我曾在南京的一間超市抽到過 4 瓶 53 度飛天茅台酒。

第三類是茅台官方平臺 APP、貴州茅台酒銷售有限公司公眾號等。有些平臺需要消費者購買其他貴州特產已獲得積分，以此兌換 1499 元購買 53 度飛天茅台酒的資格；有些平臺需要消費者預約申購，中籤後按照平臺規則購買。獲利的重點是堅持。可能我的運氣比較好，近兩年我在這些官方平臺中過幾十瓶 53 度飛天茅台酒和生肖酒。收到酒後，可以賣給身邊有需求

的朋友，或者賣給收酒的個人、煙酒電商等。

其他實物的套利邏輯都是類似的，稀缺和資訊差會帶來溢價空間。我們只要找到有價差的兩個市場或管道，就可以低買高賣賺到錢。

二、證券套利

前文講過證券市場存在套利空間，也是因為不同市場間存在價差。證券套利有兩種類型，一種是券商開戶套利，另一種是金融產品套利。

券商開戶套利的邏輯比較簡單。某些新的券商為了吸引使用者使用自己的交易軟體，會以減免交易手續費的方式優惠客戶，雖然單筆來看不算多，但沒有虧損風險。

我們在購買其他理財產品時，務必要根據它背後投資的標的不同判斷其風險。例如，若是透過銀行購買理財產品，通常是銀行募集資金後拿去購買其他投資標的，就要知道背後投資的若是公司債、股票、期權期貨等，自然風險較大，若是較為保本的債券 ETF 或債券基金就較能讓人安心。

藉由金融產品套利也分很多種，例如基金、新股抽籤申購、可轉債及股票⋯⋯金融產品套利必須隨時關注市場訊息以及專業要求高，需自我評估是否適合此類金融商品。

三、商業套利

商業套利的種類非常廣泛，如推薦課程或是介紹人事、客戶等賺取佣金、提成、推薦商品的購物網站商家返利、代購商品等。通常這諸多商業套利的底層邏輯是相通的，都是商家透過你將產品銷售出去，然後發放銷售獎勵給你。

你平常購物時也可以用電商型返利，相當於省錢。在你自己的社群、自媒體或是朋友圈推薦好物給朋友，讓他們用你的返利連結下單，也可以獲得傭金。總之，我想告訴你們的是，只要多留心，生活中賺錢的方式真的很多。

 ⋯⋯⋯⋯ 實戰小演練

請從套利的 3 種類型中選一種進行操作，並記錄自己的成果。

套利底層邏輯，需細細解讀
遊戲規則

常有人問我：「阿七，你的腦子太靈活了，你是怎麼發現身邊有這麼多賺錢機會的？」

套利之所以存在著機會，是因為存在「資訊差」。其實所有的賺錢機會都隱藏在它的規則中，而且生活中處處存在，只要細心觀察就會發現身邊處處都是賺錢的機會。

● ● ●

▌套利的底層邏輯：「供需關係」

生活中的套利機會也是因為供需關係才有了空間。我們可以分以下 3 種情況來看。

第一，商品有稀缺性，稀缺帶來溢價，供不應求就會有套利空間。例如：生肖紀念幣、發行量少的郵票、隱藏版盲盒、限量發售的球鞋、特定的名牌包經典款等都是因為稀缺，市場需求比供應量大，才有了套利空間。

第二，商品價格有週期性，供應量大於需求量時價格下跌，這時可買入等市場價格回溫，供應量小於需求量、價格上漲時再賣出。例如煤炭、銅、鐵等大宗商品價格、房價及酒店、機票等旅遊產品價格等，都有週期性。週期性是指需求是指存在淡、旺季，需求少的淡季價格低，需求多的旺季價格高。以酒店、機票等旅遊類產品為例，淡季時的管道促銷價可能低至 1288 元 / 晚，暑期旺季時價格會漲至 4888 元 / 晚，中間價差近 3 倍，這也是一種套利的可能性，我們可以在淡季時購入房券，旺季時賣出。

這是三方共贏的事情。對酒店來說，淡季銷售不好，促銷住房券可以鎖定銷售額，增加現金流；對你的客戶來說，能在旺季時以遠低於市場的價格入住房間，相對實惠；對你來說更可賺到價差。不過，購買前務必細細研讀住房券的相關遊戲規則及使用期限等，否則得不償失。

第三，商品市場價格有高有低，通常都是零售貴、批發便宜。所以某些需求高或是價格昂貴的商品就有了套利空間，代購就是如此應運而生，除了幫忙購買包包、專櫃保養品等，還有些會善用會員折扣、品牌會員積分或賣場會員積分、正品贈送試用品小樣、信用卡現金回饋現等附加權益。買得越多，獲得的返利也越多，把贈送的正品或是試用品再出售給客戶，各取所需。

最小化驗證賺錢邏輯後再擴大規模

以上的舉例都是說明因供需關係失衡而找到的套利機會，清楚了解後就可以用小型的套利先驗證這邏輯和想法是否可行。驗證邏輯可行後再擴大規模。

許多人都想靠做生意來獲利，但做生意需要先投入成本、購買設備、租店面，招員工等。一番操作下來錢還沒賺到，成本就花出去不少，這也是大多數人創業失敗的原因。創業者經常既不考慮投入產出比，也不考慮市場上是否有需求、需求有多大、利潤有多少、消費族群是誰，一股腦就栽進去，最後 99% 都以失敗告終。

利用價差獲取「套利」才是一般人賺取薪水以外收入的最佳方式，因為它成本低、花費時間少、利潤可期。有些套利方式甚至不需要任何成本，可以先賺到錢後再慢慢擴大規模。例如成功賣了某家酒店房券後驗證這件事是可執行的，你就可以試著擴大規模，嘗試櫻花季、梅花季前販售這些可賞花地區的飯店住房券，或是在寒暑期親子遊需求高時賣出親子飯店房券。

請記住，獲取利潤的祕訣就是最小化驗證出賺錢邏輯，然後才逐漸擴大規模！

實戰小演練

仔細觀察你身邊的 1～2 個套利機會，研究清楚規則後行動，先試著賺到第一筆薪水以外的業外收入。

「好奇心」：探究事物的底層邏輯，從中找到財富密碼

常有粉絲看完我的分享後發訊息給我，說我幫他們打開了新世界的大門，但還是很好奇我是如何發現生活中這麼多賺錢

機會的。其實我也會好奇別人是怎麼賺到錢的。但是與大家不同的是，大家都僅僅是好奇，而我會加以探究它的底層邏輯，從中找到財富密碼。

探究並好奇事物的底層邏輯

和大家分享一個有趣的經驗。2020 年 3 月，我從公司離職後突然變得自由，每個月都至少出去旅行半個月，有時去蒙古的沙漠看星星、去寧夏的吳忠看葡萄酒生產過程，或偶爾飛趟成都和朋友吃頓宵夜、聊聊近況，有時就一個人去海南的清水灣躺在沙灘上發呆，或者找妹妹去廣州長隆餵長頸鹿、看火烈鳥。

有一次，我出門住的是連鎖的快捷酒店（經濟型旅館），半夜 3 點多突然有人刷房卡打開了我的房門，幸好我有掛上防盜鏈的習慣，那人在門口推了幾下，發現打不開房門就走了，那次我真是嚇壞了。從此以後，我出門都只住五星級酒店，至少安全上更有保障。

然而，五星級酒店的價格超過 4000 ～ 5000 / 晚，甚至更貴。於是，我在「閑魚 App」[a] 找了家酒店代訂。有一次訂了連鎖的 ×× 酒店，賣家給的價格是 2900 元 / 晚，含雙人早餐、行政待

遇、房間升級等權益。議價的過程中賣家表示無法再更優惠了，並且發了他的訂單截圖，顯示訂單付款為 2900 元。從訂單上看這完全是零收益。我當時就相當好奇：難道賣家不賺錢嗎？我覺得這不可能啊。

一遇到疑問，我就想搞清楚裡面的邏輯。所以我花了半天時間先查到這間酒店的白金等級以上會員有房間升級、送雙人早餐、行政待遇等權益。此外，會員還可以根據訂單價格送積分、每次入住送歡迎積分、每季度活動送不同的入住獎勵積分等權益。這間酒店的每 1 萬點積分大約價值 2750 元左右，每晚入住的所積分加起來大約價值 1000 元；積分可轉讓、可售賣。我恍然大悟，原來這就是利潤所在。

根據酒店官網顯示，白金會員需要每年入住 60 晚以上。但一般人根本沒有那麼多住房需求。那有沒有更快、成本更低的方式呢？於是我繼續探究，很快就找到了另一個方式：淘寶網站的 88VIP 會員可以開啟此酒店白金挑戰，只需要入住 8 晚就能升級為白金會員；如果按照 2500 元 / 晚計算，入住 8 晚的費

編注 a 「閒魚」是中國最大的二手物品交易平台，不但可以讓客戶在此購買或出售二手貨，也允許客戶發布租房、代訂等訊息。

用是 20000 元，成本還是挺高的。

所以我繼續尋找，竟讓我找到了更低成本升級白金會員的方式，從此以後我也可以實現五星級酒店入住自由了。有時我就能以 2500 元 / 晚左右的價格住 ×× 的套房，含雙人早餐、下午茶、晚飯和宵夜。對於經常出差或旅遊的我來說，這個 CP 值實在太高了。

這類案例在我的生活中還有很多，當然，我不是要你完全複製使用，因為每個人所處的現實狀況不同。我是想告訴你們：**永遠保持好奇心，你才能探究出一件事背後的賺錢邏輯。**

鍛鍊出較強的「洞察力」

「洞察力」是一項非常重要的能力，它對我們的職場發展、人際交往、投資決策及認知事物等多方面都十分重要。你會發現大部分的人總是糾結在日常生活的各種繁雜事務裡，而真正厲害的人總能從一堆亂麻中迅速地抽絲剝繭，找到解決問題的最佳方案，這就是洞察力強的表現。

舉例來說：有些主管能發現底下員工的工作動力不足，原因可能是激勵不夠、彼此對業績額的認知有偏差、誤以為工作

只是為了幫公司賺錢而已，並對自己無益等，發現問題後這些主管能針對問題加以解決。

洞察力強的人往往都能及時把握市場上的機會並判斷趨勢，並且堅定地朝正確的方向前進；他們能抓住消費者未被滿足的需求，迅速找到解決方案，開發出合適的產品以滿足其需求。

我認為自己算是一個洞察力比較強的人，能快速發現事物的底層邏輯，找到最佳實現路徑，也能在與人交往中用細節判斷哪個切入點可以實現共贏，感受到哪些人是與我同頻率的，哪些人務必要遠離。

但洞察力是天生的嗎？我認為還是可以後天加強的，關於提升洞察力，我有以下幾點建議。

（1）深度思考，看問題不能只看表面和局部，而是要從表像看出根本問題所在，再從根源找出解決方案。

（2）遇到未知的事物時，從多個管道先收集資訊後再做出判斷，正面資訊和反面資訊都要看，綜合整理資訊後先試著驗證是否正確。

（3）做一件重要的決定之前，先從戰略去做全面考慮，先

定出方向、再定目標，最後拆解出目標實現路徑，想清楚後就馬上行動，先拿到最小化結果後再不斷反覆運算、優化。

（4）對細微的變化和環境保持敏銳度，及時決策以應對變化，只要對大方向沒有影響就不要慌，先理性思考如何應對。

我個人對投資深入學習了九年以上，鍛鍊自己多方位思考問題和洞察事物本質的能力。例如，判斷一家公司值不值得投資時，我會從宏觀的國家政策、行業發展階段、公司財務狀況、市場估值和市場情緒等各方面進行思考，比較優劣並記錄下來，然後再做出決策。

我大量地學習投資也讓我看到了很多上市公司成功的商業模式，都是因為先小部位驗證了業務模式並獲得利潤後才擴大規模，變成了如今市值高達幾十億元、幾百億元甚至上千億元資產的公司。但也有某些本來體質好的公司卻因為經營不善連續虧損而退出市場，這些案例都在提醒我創業時要謹慎，不能好大喜功，不可過於冒進。

我真心建議每個人都多花一些時間學習投資，它是一件值得花一輩子學習的事。賺不賺錢倒是其次，更重要的是它能讓我們看世界的方式變得不一樣，可以看得更高更遠。

請想一想，自己對什麼事情比較好奇，
再去深究它背後有沒有賺錢的機會。

▌「執行力」：賺錢無祕密，全靠執行力

「賺錢無秘密，全靠執行力」，這是我在 2020 年寫在書桌前勉勵自己的話，後來我所有的學員也都銘記於心。為什麼「執行力」如此重要呢？因為在掌握了賺錢的方法和資訊來源後，最後決定你能否賺到錢、能賺到多少錢的最關鍵因素便是「執行力」。

但要提醒大家特別注意，任何一種特定的賺錢模式，如果其回報高於市場平均回報水準，通常就會存在某種無效性。因為這種賺錢模式的高殖利率必然會被更多聰明人發現，當其承載了太多的投資者和資金時，競爭者就會變多，利潤就可能下降，最終或許導致這種模式變成不賺錢，甚至造成虧損。也就是說，在套利上永遠不可能存在賺錢的「永動機」，要隨時注意變化。

　　一個優秀的低風險投資者會在自己的賺錢模式開始退燒時，積極尋找出新的賺錢模式，並在驗證過新賺錢模式的邏輯後加強執行力，以快速獲取利潤。

如何提升執行力？

　　明朝儒學家王陽明說：「夫學、問、思、辨，皆所以為學，未有學而不行者也。」這句話的意思即學習、詢問、思考、分辨都是為了學習某件事，而要想掌握這件事，光學不做是不行的。

　　想，都是問題；做，才是答案。很多人在開始做之前都會列出一堆困難，找好退路和藉口，在心理上暗示自己這件事如果不成功，不是因為自己不努力，而是因為客觀上有困難。

　　2023 年 2 月初，我在社群上分享如何靠套利賺進第一桶金，結果有讀者留言說：「我研究了一下，那些年入百萬元、千萬元的有錢人看起來雖然和我們一樣都是做業務，但他們往往有比我們大部分的人更好的資源，最關鍵的是他們聘請了很多助理來處理最低階、重複的例行工作，這些人只負責站在台前曝光、學習、行銷。否則一個人單槍匹馬地在一個賽道深耕，是不可能有如此大的回報的。」

這話說得多麼冠冕堂皇，隱含的意思即：「我之所以不成功，是因為我沒有資源、沒有助理；如果有這些我肯定能成功。」殊不知他忽略了兩件事情：第一，拋開原本就家境非常殷實、依靠上一代財富的那一類人，真正靠做業務、自己賺到這麼多錢的人也都是從零開始、白手起家的；第二，每個階段都有每個階段的重點，在我們沒有資源甚至什麼都不會的階段，想要賺到錢就必須付出時間和執行力。

下面分享幾個我總結出來的方法，可以讓你從思想上的巨人、行動上的矮子，變成一個有超強執行力的人。

（1）輕鬆開局，減少阻力

很多時候，你遲遲不行動的原因就在於提前給自己預設了阻力，時間都花在了內耗上，你可以嘗試以下技巧。

第一，從最簡單、最容易的地方開始。把複雜任務拆解成一個一個毫不費力就能完成的簡單任務，減少抗拒心理和行動的阻力。

第二，1 分鐘法則先動起來。只要動起來，你就會沉浸在「做」的過程中，最難的是一開始那 1 分鐘的勇氣。你可以在行動的過程中調整方向，而不是非得等到什麼都準備好了再行動。

（2）降低期望值，減少焦慮

大部分人的問題是在開始前就給自己定了一個太大的目標，太強的得失心反而會導致自我否定。我們要對自己寬容一點，肯定自己的每一個小進步，重過程、輕結果。

（3）制定計劃＋拆解目標＋正向鼓勵

可以把大任務拆分成一個個小任務，規劃好行動路徑，完成一項就劃掉一項，清空大腦後只想當下的事情；也可以列出不馬上行動就會造成的損失，寫下馬上行動就可以獲得的好處，經常檢視。

如果目標太遠就很難堅持下去，所以可以給自己設定階段性小小里程碑，每完成一小步就給自己正向鼓勵或放鬆，例如看電視劇、吃零食、玩 1 小時遊戲等。

因為相信，所以看見從過去 3 年的對外分享中，我發現很多人無法行動的原因是「看不見」堅持做一件事帶來的好處，「看不見」身邊的賺錢機會，「看不見」別人的需求。而之所以「看不見」，是因為「不相信」。

大部分人先看見時，大多抱著質疑的態度，直到反覆看見後才相信，接著才會想著行動，但是這時候往往已經錯過了最

佳入場時機。

2022 年初，微信[b]團隊決定擴大對影片的投入，給予內容創作者更多觸及流量。那時候有一批對此動態很敏銳的人就開始從其他平臺搬運或自行剪輯零食、抹布、小家電等生活類產品的影片，附上商品連結，只要有人從連結下單購買就可以得到佣金。那時候就算是新手，只要做 1 個月以上就能每個月輕鬆賺到 25000 元。

很多人當時也看到了平臺密集出現的帶貨影片，雖然也想跟著做，但又覺得要找素材、剪影片實在太麻煩了，還不一定能有收益。直到後來看到越來越多的帶貨影片產生爆款、訂單量越來越多時才想著要參與，但那時平臺已經不再給予流量扶持了。而且當入場的人越來越多時，想要獲得收益就要更靠能力競爭了。

此時入場雖然比一開始就入場更難一點，但至少還有機會。但人生中很多時候都是當你想行動了，機會卻已經消失了。「所有的賺錢機會都有時間視窗，請務必把握」我經常對身邊人說

編注 b　微信是中國騰訊公司在 2011 年推出的一款支援 Android 以及 iOS 等手機作業系統的即時通訊軟體。

這句話。

　　有時候我看到銀行有比較優的套利或投資機會、基金優惠利率等，會在我的共享群組上和學員或粉絲們分享，我發現有一小部分人看到我分享的資訊後會立刻行動；有些人會懷疑其安全性，質疑這個是不是騙錢的；更多人是想著下班後再行動、先把孩子哄睡覺了再行動，或等週末休息了再行動。但時間可是不等人，因為收益太高，活動常常不到 48 小時就結束了。參與的人慶幸自己行動夠快，沒來得及參與的人只能後悔自己為什麼毫無執行力。

　　近 3 年我見過很多人因為不相信而看不見機會，因為看不見所以沒有行動，一次次地錯過、後悔，原因主要是執行力不足，還有對事物的認知能力不足，因為無法理解其背後的底層邏輯，也就無法判斷其價值。看不到價值，當然就更不會去行動了。

實戰小演練

**你想利用「套利」每個月增加多少收入？
請列一個行動計畫。**

30 歲單身女子如何在離職後
靠套利賺到 250 萬元

2020 年 12 月，我朋友丹寶即將滿 30 歲了。她按部就班地做了 10 年的財務工作，每月拿 35000 多元的薪水，每到月終和年末還要熬夜加班做報表。30 歲以前，她從未想到自己在這一年會擁有以前想也不敢想的生活。

她和我認識很多年了，見證了我一路從一個小編輯成長為互聯網公司營運總監。後來我開始學投資、創業，她看著我收入激增，但從未想過問我到底應該怎樣提升收入。

2017 年，我們倆一起買了 2300 元 / 瓶的中國之貴州茅台股票。我信奉價值投資，凡是買賣都要有邏輯。她熱衷於炒短線，雖然對股票一竅不通，但也玩得不亦樂乎。每次看到她大跌割肉、大漲追高的操作，我就忍不住想跟她講一些我認為正確的投資觀念，可是她總是一副「我不聽，我不聽」的樣子，所以

在 2020 年之前，我對她一直覺得是恨鐵不成鋼，因為無論我說什麼，她都認為我在給她灌「毒雞湯」。

2020 年「雙 12 購物節」那天，她來我家玩，剛好我第一天開始用京東購物網站 Plus 會員搶 53 度飛天茅台酒，我逼著她也開了京東 Plus 會員和我一起參與搶購，結果她當天就中了兩瓶。第二天，京東物流送貨上門，我們把酒賣給了南京本地的收購商，賺到了 14000 元。她看到了實實在在的收益，才開始意識到我平常對她說的都是真的，不是「毒雞湯」。

大部分人都是因為看見才相信，丹寶也是其中一員。有了這次的正回饋，她突然有了源源不斷的動力和執行力，開始找身邊的同事借京東帳號，幫同事充值京東 Plus 會員，賺了錢就給對方發紅包。可能是因為樂於分享帶來的好運氣，這一年她陸陸續續中了 70 多瓶 53 度飛天茅台酒，賺到了她一整年的薪水收入。從第一次茅台酒套利打開了認知後，她又開始發現紀念幣、手機、盲盒、鞋子等套利機會的資訊和資源，都獲得了非常可觀的收入。

2021 年 6 月她從公司辭職了。她說：「如果是以前，我可能會繼續忍受下去，畢竟工作不好找。但現在我完全不怕了，

那時候港股新股申購抽籤市場很熱，我總結了自己在港股新股申購抽籤方面的經驗，辦了 3 天的訓練營，丹寶成了我的第一批學員之一。2020 年 12 月～2021 年 8 月，她中了 10 幾支新股，賺入了 14 萬元港幣。

和丹寶一樣跟著我在港股新股申購抽籤上賺到數十萬，甚至上百萬元的學員有 80～90 人，我培訓他們港股新股申購抽籤賺錢的底層邏輯，怎樣才能實現利潤最大化。但很遺憾，其後不到一年時間，因為政策的變化，港股市場悲觀情緒蔓延，這個套利機會已經不可持續了。

應驗那句話，「所有的賺錢機會都有時間視窗，請務必把握」，所以提升執行力才能隨時應對市場變化、持續賺到更多錢。

丹寶也是很多學員的例子，她曾自詡有 10 年財務管理工作經驗，覺得理財是一件不用學的事情。但跟著我學完這門課，她推翻了自己 10 年財務管理工作經驗帶來的自信，發現了自己的認知是有偏差的。後來她就像打通了任督二脈，滿腦子都是賺錢，也開始研究可轉債的投資，甚至後來投資、套利收入超過本業，她乾脆辭職了，投資心態也更穩了。

　　這就是丹寶的成長故事，因為看見了收益，所以願意嘗試改變，觀念和認知的升級讓她意識到當機會來臨時必須保證執行力到位。後來她成了我的助理，和我一起幫助更多女性建立正確的金錢觀，提升賺錢能力，讓生活變得更加積極向上。

第 **6** 章

個人影響力——
無限拓展你的人生寬度

第 **1** 節

影響力：是個人成長的放大器

「個人影響力」決定了人生的高度和寬度。自由人生
公式中，個人影響力可以讓主業、副業、投資、套利
4 方面都有事半功倍的效果。

• • •

我們再回顧一下自由人生公式。

自由人生 ＝ 主業 ＋ 副業 ＋ 投資 ＋ 套利 ＋ 個人影響力

我原本設定的自由人生公式只有主業、副業、投資和套利
這 4 個元素，當時我從未想到過「個人影響力」這個名詞。那

時候我每天思考的都是怎樣提升公司的營收，透過哪些營運手段提升客戶的付費轉化率。

直到完全辭去正職後第一年，我在網上所寫的文章、價值觀、生活方式、課程等被更多人看到，上千人因我而發生改變，他們的生活變得更積極、更陽光。我才意識到「影響力」實在是太重要了，就像是投資中的槓桿，能加快我和學員、粉絲的成長速度。

可以說「個人影響力」決定了人生的高度和寬度。如果說主業、副業、投資、套利這 4 個技能的提升帶給我們的是線性的成長，那麼個人影響力帶給我們的就是指數級的成長。同時，在自由人生公式中，個人影響力可以讓主業、副業、投資、套利 4 個方面都有事半功倍的效果。

在主業方面，強大的個人影響力能讓你在主管、同事、客戶中獲得好的口碑，比安靜無聲的人更容易獲得升遷機會；在副業方面，它能吸引到同頻率的夥伴和客戶，幫助你發展人生第二曲線；在投資方面，它能在「金錢」這方面幫助你獲得信任和更多的支持；在套利方面，你能做得更得心應手，比別人起步更快。

我認為個人影響力的核心主要表現在兩個方面：一是被喜愛，二是被尊敬。兩者最好處於天平的兩端：只有喜愛沒有尊敬，會讓人忽視你的意見；只有尊敬沒有喜愛，則會讓人產生距離感，無法靠近你。

（1）被喜愛

被人喜愛的特質有哪些？親和力強、情商高、有愛心、邏輯清晰、積極熱情等都是。其他都比較容易理解，但情商高往往是很多人最容易忽視的點。

哪些事可以顯得情商高？互惠互利、先付出後要求、情緒穩定、與他人換位思考等都是。下面列舉幾個我自己的小案例。

2019 年我的上級主管（公司副總裁）因故暫時離開職位 3 個月。某個周日我聽說他明天就要回歸職位了，我立刻從床上跳起來，花 6 個小時整理了他離開後幾個月內所有的營運資料，從大事件時間軸，搭配每件事發生的原因、過程、結果、反覆運算的情況，以及他管轄的事業部的人員變動情況，並在當晚就發 MAIL 給他，讓他可以提前瞭解、快速掌握這段時期的工作情況。

2020 年 10 月，我剛好去上海參加一個活動，提前約了從未見過面的同學吃飯。下了高鐵之後，同學發訊息說有另一個女生朋友在，我馬上查了往目的地的沿路上哪一站有百貨商場，下車在商場挑了 YSL 口紅和一盒手工巧克力，分別送給她們倆。後來其中一位成了我的第一個助理，在我創業早期一個人單打獨鬥的階段，她幫我分擔了很多瑣碎的工作。

2022 年，我當時的業務必須開通影片，需要和地方管理局做登記備案。我的老師向我推薦了專門代辦智慧財產權相關事宜的小夥伴雙雙，她的團隊幫我解決了備案的問題，全程不需要我花時間和精力。辦好後半年內，只要聽說有人需要做這類型的備案，我就推薦雙雙的團隊，陸續為她們介紹了 20 多個客戶。諸如此類的事情還有很多。

我做這些事無論一開始是出於什麼目的，都可以歸結為「利他」。利他不是功利性地付出以要求對方給予回報，而是站在自己的出發點真心為別人好。有些人會計較自己的得失，不願意提前付出，不願意為別人考慮。這樣的人格局太小了，很難在所處的領域成功，更別說建立影響力了。

（2）被尊敬

缺乏影響力的人很難在社交關係中掌握主動，贏得他人認可。最後就是與他人格格不入，獨來獨往，需要幫助時沒有人願意伸出援手。

很多人認為自己有社交恐懼症，站在人群中會全身不自在，這樣是不是就和影響力絕緣了？這是一個思維誤區。影響力與我們是否喜歡和他人交往沒有關係，而與我們為人處世的方式、對外展現的個人特質、能否獲得他人的信任有關。我也算是對社交有恐懼感的那一類人，我需要很多的時間獨處。如果超過一周沒有獨立思考的時間，我就會感到焦慮。但是這並不妨礙我成為一個有影響力的人。

2020 年 5 月，我報名參加了一個營運課。教室裡一共 30 多人，分組時我默默地坐在最角落，不說話也不社交。因為除了老師以外，我不認識其他人。

在場有一半以上的同學都不是營運行業的人，老師在互動的過程中問到營運專業相關的問題，幾乎都沒有人能答出來。冷場時老師就點名問我，當時我對答如流，並且提出了自己的觀點。

在小組練習時，我們需要設計一個產品，並闡述這個產品針對的客戶需求、客戶人群、設計思路、變現路徑、專案分工和後續的延伸發展的可能性。眼看著只剩 15 分鐘就要上臺報告了，我們小組卻還意見分歧。我立即拿起筆開始寫，在最後 1 分鐘寫完停筆。

下課後，在場的一位培訓機構負責人找到我，請我做他們公司的營運顧問，解決業務成長方面的問題。這是我接到的第一個企業諮詢專案。後來我問他：「我在課堂上悶不吭聲，你為什麼選擇找我合作？」她說：「在場的很多人都覺得你坐在角落裡並不起眼，但是一開口就氣場全開，讓人無法忽視你的專業度。」

從這個案例可以看出，**展示專業度是被人尊敬、獲得更多影響力的有效途徑。**

除了專業，權威、自信、有原則、可信賴、知行合一也是容易獲得別人尊敬的特質。這些特質需要從我們對外輸出的文字、影片、音訊、做過的事情、獲得的結果等來呈現、建立個人影響力。

在過去十幾年，我能在職場上走到天花板，實現年收入過

百萬元，還能在創業中擁有多重身份，能有一群人願意跟隨我的腳步往前走，都是因為我擁有這些特質，在自己所處的領域有一些影響力，所以找到自己的特質還有影響力特別重要。

實戰小演練

請仔細思考，自己具備哪些構成影響力的特質？

IP 思維：把自己當作 公司來經營

> 如何提升個人影響力呢？我認為關鍵是要具備 IP 思維。
>
> 我所謂的「IP 思維」是把自己當作一個獨立的個體來經營。我不是誰的員工、誰的妻子、誰的女兒、誰的客戶，我是一個擁有獨立人格、可以對外展現人格魅力的個體，也就是個人品牌。

• • •

我們對外展現的所有特質構成了我們的個人品牌。通常「個人品牌」是指在某個領域具有專業能力和獨特價值觀、具有影響力的個體。透過打造個人品牌，最終就能提升個人影響力。

我們不是為了賣東西、變現而打造個人品牌，我認為這應該是一個自我覺醒的過程，找到自己、分享自己，並影響同頻率人的過程。影響我走上個人品牌這條路的小馬魚老師說過一句話：「個人 IP 的開始是自我覺知，把你的價值觀傳播到茫茫宇宙之中，像一束光一樣，讓人看到並慢慢靠近，彼此再也不用在黑暗中踽踽獨行。」這句話完美地詮釋了我近 3 年來在打造個人品牌之路上的感受和心境。不過，我還要強調一點：打造個人品牌不是目的，產生持續的影響力才是目的，個人品牌只是影響力的外顯之表現。

（1）對職場人來說，個人品牌能夠增強自己的不可替代性，很多職場人缺乏打造個人品牌的意識，在公司怕出風頭，怕被主管看見。但是作為公司的普通員工，沒有地位能量、不被看見，那還指望能升職加薪嗎？打造個人品牌也能融入運用於職場方面，例如，讓主管認為我積極主動，讓客戶認為我專業，讓同事認為我可靠，讓下屬認為我公平。

舉個有趣的例子，我的學員小 W 在公司是一個「小透明」。有一年過生日，她收到了公司主管的祝福訊息。她很緊張，如果不回訊息會顯得很不禮貌，回覆訊息又不知道該用怎樣的語氣才合適。我問清楚她所在的職場環境後，教她從三方面回覆：

一;看見並肯定主管想要激勵員工的目的;二、誇獎主管的用心;三、表達自己的忠心以及會積極向上的決心。從這三方面考量,我幫她編輯了下面這樣一段話。

哇,太驚喜了,感謝主管的祝福!(看見並肯定主管想展現親和力的努力。)

工作中,我一直以您長遠的目光和大局觀為榜樣。希望在您和 × 總(小 W 的直接上級)的帶領下,有一天我也能成長,足以替公司承擔更多責任。(誇獎主管,擁護上級,表達想在職場進一步發展的決心和忠心,願意承擔更多責任,但不露鋒芒,希望自己成長時能被看到。)

有了主管的祝福,我感覺幹勁十足!也祝您生活幸福、萬事順意!(不僅看見了主管在鼓勵員工方面的努力,還給予正向回饋。)

主管收到訊息後回覆:「我們一起努力,加油!」還發了兩個手握拳的表情貼圖。這一段表達給小 W 的主管留下了深刻的印象。發完訊息後幾天內,主管從同事等各方面詢問了小 W 的工作情況,讓小 W 獲得多一些「被看到」的機會。

像小 W 這樣的職員不算特例,我剛開始工作的那幾年也只

想做「小透明」，不知道如何向上管理，如何與同事相處，只是憑自己提升專業能力，來推動目標的達成。一直到升任總監後我才發現，要想讓公司願意往部門放更多資源、保證我的下屬都能在跨部門合作時不被欺負、年底為了能幫部門爭取更多獎金，就必須建立個人品牌和影響力。

如果能回到過去，我希望自己能早點有打造個人品牌的意識，最好在還不著急變現時就開始慢慢累積。沒有生存壓力帶來的焦慮，目的性也不會太強烈，也更容易獲得客戶的認可和信任。

（2）對創業者來說，個人品牌能讓獲得種子客戶的成本更低，很多人啟動項目前會先想該怎麼花錢購買流量，買來流量後再想怎麼轉化。這種想法是錯誤的，錢還沒賺到就先投入了大量的成本，失敗的機率也很高。這是大公司快速佔領市場的打法，不適合普通的創業者。

如果能提前打造個人品牌，我們就能在項目開始前或創業前先找到志同道合的夥伴，啟動專案時自然能吸引種子客戶，成功機率自然也較高。我的兩次創業都是這樣起步的。

第一次創業前，我在某課程上表現突出，不僅帶著小組成

員獲得了分組第一，自己也拿了全班第一。因此我吸引了有創業想法的同學一起合作，分析完客戶需求和可行性以後我們一拍即合。

第二次創業時，與其說是我主動開啟專案，不如說是被客戶推動的。在社群裡交流時，我分享了自己在職場和投資上的成功經驗，做了很多利他的事情，在客戶的求援下中開始做諮詢、分享、課程、社群，再從客戶的回饋中開發更多滿足他們需求的產品。好口碑給我帶來了更多客戶，形成了正向循環。很多創業者採用的都是這種方式，它與先創業做產品、再找使用者做轉化比起來會相對輕鬆，也更容易成功。

（3）對自由職業者來說，個人品牌能帶來更高的效率和更強的議價能力。離開職場前我對個人品牌沒有概念。當時我理解的 IP 就是網路小說、影視劇等內容型產品的版權，形成 IP 營運的產業鏈。我在創業前的一年多，我也是把自己當作自由職業者而已，但隨著我輸出的內容越來越多，我發現很多人購買我的產品（課程）時並不需要售前服務就直接下單了。他們在與我溝通之前，就已經花一天時間看完了我的所有公眾號文章。甚至有人翻看了我近 5 年的朋友圈，發現我是個知行合一的人，於是產生了信任。在與人合作的過程中，我不需要反覆地試探、

談判，成交路徑縮短了。而且我不接受討價還價，個人品牌無形中幫助我提升了議價能力。

對自由職業者來說，時間和心力是最重要的。很多自由職業者只是看起來自由，但是缺少平臺支撐，依然只能受制於甲方（購買方），既焦慮又容易受委屈。而有個人品牌的自由職業者，其信任成本更低，時間效率更高，議價能力也更強。

具備 IP 思維的人通常能把自己當作一家公司來經營，時時刻刻關注自己這家公司的投入產出比、資源豐富度、變現效率等關鍵目標，時刻保持公司的增長。

關於個人品牌我總結的關鍵字是「找到自己」。打造個人品牌和影響力的過程能讓我們更清晰地認知「我是誰」、「我能帶給別人什麼價值」、「我想成為什麼樣的人」、「我的認知和行為邊界在哪裡」，清晰地認知自己比在職場渾渾噩噩地度日要更好。

總之，無論你處於哪個人生階段，我都希望你能儘早具備 IP 思維。

實戰小演練

你現在處於什麼人生階段？請思考如何
將 **IP** 思維運用到自己的生活中。

選擇個人品牌方向，
從做「斜槓青年」開始

一提起個人品牌，大家就會想到副業、人生第二曲線。我
認為三者之間有重疊的部分。副業經過時間、精力的灌溉，可
以發展成第二曲線；從第二曲線中找到使命感，就可以打造出
長遠的、一輩子的個人品牌。

在副業的選擇上，人們往往會選擇從最容易的那條路開始，
先賺到錢，有了正回饋，才有堅持下去的動力。但在 IP 方向的
選擇上，我們應該傾向於選擇更長遠的路，而不是滿足於短期
賺點小錢。

前面談過，選擇副業時最好瞄準擅長的事、熱愛的事、對
別人有價值的事和賺錢的事四者交匯處的「甜蜜點」。這個理論

同樣適用於對 IP 方向的選擇。能找到「甜蜜點」固然是最理想的情況，但大多數人忙於工作和家庭瑣事，天天奔波在公司和家之間，既不瞭解自己，也不瞭解市場，更不知道什麼是自己熱愛的事，要找到「甜蜜點」有時候並沒有那麼容易。

個人品牌經營方向如果對別人沒有價值，就很難找到受眾；有了受眾但不賺錢，也無法堅持下去；對擅長的事不熱愛，就會消耗自己，直到你因堅持不下去而放棄。這是一個自我探索的過程，旁人無法幫忙。雖然這個過程會很煎熬、很痛苦，但是能體驗這個探索自我的過程，已經比每天渾渾噩噩地度日要幸運很多。至少你在努力地尋找人生的意義。**在探索的過程中，你不要什麼都不做，而是要先小步行動起來，用最小成本積極試錯，再快速反覆運算。**

很多人覺得自己沒有任何特長，也沒有閃光點，不知道從哪裡入手。建議是從自己的興趣愛好入手。你可以做如下設想。

做什麼事情時，自己能夠心無旁騖地沉浸進去，達到心流狀態？

做什麼事情時，自己不用費太多力氣就可以做得比旁人更好？

做什麼事情時，即使受到別人的打擊，自己也可以調整情緒繼續堅持？

做什麼事情時，即使沒有報酬，自己也樂在其中？

跟別人聊到什麼事情時，自己眼裡閃著光？

人生每個階段的興趣都不同，你找當下的興趣就好。例如，我在 14～21 歲時喜歡寫青春小說。即使有人告訴我「你沒有天賦」，我也不放棄。勤能補拙，有天賦的人花 3 小時寫出來就能發表文章，我花 20 個小時寫。捨得付出時間和熱情，總會有收穫。24 歲以後，我從對投資的學習和實踐中獲得了更多的正回饋。很多人對我說，我在和他們聊到投資時眼裡都閃著光，而且在研究可轉債規則、行業和公司資訊時我絲毫感受不到時間的流逝，這就是興趣的力量。

如果興趣只是停留在喜歡的表層，就無法生根發芽，無法成為長久堅持下去的事業。興趣需要我們投入時間、精力去滋養。既然要做，就要盡己所能做好。

我有個朋友喵九，她的主業是公司會計，她很喜歡某位插畫家的插畫。這位插畫家開了線上的培訓班後，她馬上報名了。最初，她只是想多接近自己的偶像。為了在偶像講評作業時得

到誇獎，她每天下班後都會熬夜畫到凌晨 1、2 點。投入的時間越多，技術提升越快，很快就學到進階技法，後來她接案從畫 150 元一張的 Q 版頭像開始，提升到 3000 元一張的商業插畫、40000 元的商品設計，再到 30 萬元的品牌吉祥物設計。過了 5 年時間，她的插畫副業收入超過主業收入 5 倍，於是她辭掉了工作，專心發展插畫事業。

我們可以有很多興趣，從眾多興趣中挑一個來投入時間和精力，持續深耕，最終完成變現。但是也不要放棄其他興趣。我們不一定非得要求興趣一定得產生收益，只要單純地喜歡就行了，用它們來滋養自己。

實戰小演練

請列舉自己的興趣愛好，並思考哪一個可以成為自己主攻的方向。

▍突破心理卡點：談錢不俗氣

我們從小被教導「談錢很俗氣，談錢傷感情」這種傳統觀

念。但其實我們靠自己的智慧和勞力賺錢，為什麼會傷感情呢？因為在大眾認知裡，大多數人談錢時都誠意不足，總想占別人便宜，當然傷感情。如果大方地談，不抱著占便宜的心態，不僅不傷感情，還能增加感情。

商業的本質是交易，交易的本質是價值交換，價值交換的原則是共贏，共贏則是建立良好關係的基礎。我付出價值，你付出金錢，才會有更進一步的關係；否則，我的勞力沒有得到應有的回報，心受委屈了，人也就離得遠了。

我的學員小 H 原本是個保險經紀人，她在小紅書分享如何挑到適合家庭的保險產品，吸引了不少人來諮詢。她對每一個人都提供免費諮詢，花了大量的時間溝通需求、分析個人狀況、做方案，找不同的保險公司爭取對客戶最好的核保方式。在一個客戶身上她往往要花費少則幾個小時、多則 20 幾個小時。但是最後卻沒有拿到好的結果，成交的客戶只有不到 30%。有些人覺得反正是免費的，不諮詢好像就損失了。有些人把她當作比價工具，拿著她的方案找別人買保險。

她覺得委屈所以來找我訴苦：「老師，為什麼我花了那麼多時間為客戶找適合他們的解決方案，他們卻連一句感謝也不

說就走了？我是不是不適合做這行？」不敢開口談錢，不僅讓她丟了客戶，還讓她開始懷疑自己，失去對工作的自信。我建議她只給每個人20分鐘的諮商時間，簡單聊一下客戶需求，直接表明如果要出具體方案就需要付2500元諮詢費，下單後退回，不下單就不退。

這樣實行兩個月後，小H再也沒有因被佔便宜而產生不好的情緒了。因為收了諮詢費，她更盡心盡力地為客戶服務，獲得了客戶的一致認同，而且拿到了入行以來最好的成績。

我剛開始做個人品牌時也曾過羞於談錢。經常有人來找我聊找工作、職場晉升、投資等方面的問題，我也樂於從他們身上總結出共同的問題。找到問題並解決問題，這對我來說是很有趣的事。但有時候很多粉絲來私訊聊天，我常不太好意思拒絕。後來我發現這是不對的。不拒絕意味著有某一方要妥協，心不甘、情不願地付出，次數多了，就不想繼續這段關係了。

某一次我與朋友聊完向上管理的問題後，他主動付了1500元。他說：「你的建議對我幫助太大了，為什麼不做收費的諮詢呢？」當時我才意識到，之前的免費幫忙不是因為朋友們沒有能力和不意願付費，而是我沒有對外發出「我有付費產品」

的訊息。與其妥協，不如大大方方地介紹我有哪些付費產品和服務。這樣我就能夠篩選掉一些不願意付費的人，也節省更多時間和精力，花在諮詢者身上。

很多時候我們不敢談錢是因為內心卡著自己這關。

（1）不好意思談錢，背後的心理是自我價值感不足。

（2）不敢訂高價，是因為無法為客戶解決更高價值的問題。

（3）不捨得花錢，是因為自己的「配得感」不足。

在個人品牌方面，一個人能賺多少錢與下面兩件事有關：一、你是否有很強的自我價值感；二、你能否為客戶解決更高價值的問題。

如果連自己都不覺得自己有價值，就沒有辦法利用為別人提供產品和服務賺取錢了。

要想提升自我價值感，我們可以從兩個方面努力：一、接納自己，我們都不完美，但可以努力變得更好；二、收費，幫助別人解決問題，金錢和他人的感謝不僅會帶來能量，還能累積經驗和案例。在朋友圈分享案例和客戶分析觀點，可以吸引其他有同樣需求的人付費諮詢，在這種正向回饋中提升自我價

值感。

而我的個人諮詢價格從原本 4000 元／小時提升到後來的 8500 元／小時、15000 元／小時，就是因為我可以幫客戶解決更高價值的問題。像是解決求職、職業規劃，到如何幫助互聯網公司員工升職，幫中小企業 CEO 解決營收增長問題。

現在，我目前最貴的收費產品是 150 萬元／年的營運顧問服務，為客戶解決設計商業模式、讓他年收入增長到 1 千萬元以上。花 150 萬元換來 1 千萬元的收入，客戶是願意的。

如何突破心理障礙，提升賺錢能力呢？我建議大家嘗試以下幾種方法。

（1）相信自己產品的價值

從收費解決小問題開始，再將服務產品化，搭建自己的產品矩陣。

（2）不預設別人對我們的內容不感興趣

不提前預設困難，束縛自己的腳步。他人是否感興趣、付費是以後的事情，不開始就永遠不會被看到。可以多與客戶聊天，走到客戶中發現他們的困難點，做出符合使用者需求的產

品設計，自然就不會有這方面的擔心。

（3）學會銷售自己

把自己當作一款產品來經營。既然是產品，就要有賣點、有目標使用者群體、有銷售策略。提高表達能力，讓別人接受你的賣點並願意付費。

最後，我有一句話想要分享給你：談錢不俗氣，我們都值得擁有更多的財富。

實戰小演練

請把你擅長解決的問題設計成一對一的諮詢服務，並成交一單。

商業模式：抓住自媒體紅利，
十倍放大你的影響力

> 創業建議可以從輕創業開始，前期不需要付出金錢的
> 成本，門檻低，容錯空間大。例如做自媒體和知識付
> 費，就是典型的輕創業模式。

• • •

　　上一節講到，突破不敢談錢的心理困難點時可以從收費解
決小問題開始著手，再將服務產品化。這裡的服務是指知識類
服務。我一直認為對一般人來說，不管是創業還是做副業，都
不需要做一開始就投入很大資金的專案，因為不僅成功率低，
還容易導致原本微薄的積蓄付諸東流。我建議從輕創業開始，
從做自媒體和知識付費，就是典型的輕創業模式，前期不需要

付出金錢的成本，門檻低，容錯空間大。

我在分析一家公司、一個創業項目時的第一步，通常是分析這家公司的商業模式。分析公司商業模式有一個很好用的工具 ——「商業畫布」，這個工具可以幫助分析我們自己的知識服務的業務邏輯。我們可以從以下幾個角度進行分析。

（1）我們提供什麼產品和服務，價值主張是什麼？
（2）產品和服務的生產者、消費者、資源方是誰？
（3）獲取收入的產品是什麼？
（4）社群的組織模式是什麼？

總而言之，商業畫布可以幫助我們理清自己是怎麼賺錢的，從中找到可以讓我們事半功倍的槓桿點。在介紹商業畫布之前，首先要明確我們能提供什麼產品和服務。

產品矩陣

現在的自媒體環境為很多人創造財富提供了非常有利的條件。抖音、小紅書、youtube、公眾號等平臺為了吸引使用者注意力並停留，在內容創作者的獎勵機制上投入了大量資源。只

要我們分享的內容對平臺使用者有價值，就可以獲得回報。

利用自媒體實現收入增長，有兩個方式很適合普羅大眾。

（1）關鍵意見領袖（**Key Opinion Leader，KOL**）

KOL 是指在某個領域有影響力，用自己的知識、經驗賺錢的人。他們透過輸出各種內容、觀點、價值觀影響他人，需要具備比較強的知識萃取能力和表達能力，門檻相對比較高。像是博主、知識 IP 等都屬於 KOL。

（2）關鍵意見消費者（**Key Opinion Consumer，KOC**）

KOC 有比較強的帶貨能力，通過推薦商品給更多人賺取傭金收入。微電商、直播主、團媽等都屬於這一類。KOC 雖然不需要打造個人品牌，但是有個人魅力經營的 KOC 的收入往往會更加乘。

不管是 KOL 還是 KOC，要變現都要有自己的產品。適合一般人的產品類型主要有 5 種，如圖 6-1 所示。

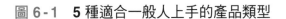

圖 6-1　**5 種適合一般人上手的產品類型**

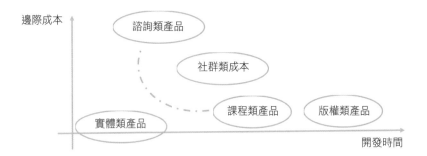

（1）實體類產品

實體類產品的邊際成本低，籌備時間短。例如，美妝、水果、奶粉等都是實體類產品。

實體類產品可以細分為兩類：第一類是不需要自己生產，由供應商提供代發服務的產品，你只需要找到使用者，把產品賣給使用者就可以賺取傭金，按實際銷售額結算費用；另一類是自己生產、直接變現的產品，如設計師的海報、插畫師的畫作、果農的種子或水果、手作人的工藝品等。

（2）諮詢類產品

諮詢類產品通常是以解決使用者的需求為目的、按時間計費的產品。

諮詢類產品又可以細分為兩類：①是針對 C 端客戶的一對一微諮詢，為客戶提供 1～2 個問題的解決思路，按小時計費，這種諮詢方式的門檻低、籌備時間短，最適合知識付費的起步階段；②是針對 B 端客戶的顧問式諮詢，通常按月、季度或年度計費，需要提供一整套的解決方案，這種諮詢方式對專業度、溝通能力的要求比較高。

（3）社群類產品

當你擁有了一定的號召力以後，就可以建立一個低門檻的社群，為客戶提供交流的平臺，客戶可以在其中獲得滋養和成長。我的社群就屬於這一類產品。

社群類產品積累到一定程度以後，早期的種子客戶已經度過「小白」階段，需要更多資訊、資源、能力的賦能。這時就可以將客戶按層級分類，推出更高門檻的社群，為一小部分人提供資源、賦能的空間。

（4）課程類產品

當你積累了一定數量的目標使用者，他們有了體系化學習和督促行動的需求時，你就可以萃取知識，做成系統化的線上課程，以訓練營的形式幫助客戶吸收新知識。課程類產品比微諮詢可以傳達的內容更多，準備時間也更長。但課程錄好後可以重複循環利用，隨著銷量的增長，邊際成本也會更低。

（5）版權類產品

版權類產品包括出版書籍、影音課等，製作門檻高，但長尾效應較強，製作完成後可以反覆利用。版權類產品的價格低，可以用於引流，為客戶提供初步暸解你專業知識的機會。

以上產品可以搭配使用，先從諮詢類著手，隨著客戶量的增長，慢慢開發社群、課程類產品。不同產品的定價不同，作用也不同。例如，諮詢類的價格低、起步快，但它是我們深入接觸客戶、挖掘客戶需求的利器。我最早是從如何做港股新股申購抽籤課、社群等諮詢中慢慢嶄露頭角的。課程類產品用於教育使用者、篩選使用者，社群類產品用於沉澱使用者、形成自己的生態。

商業畫布

商業模式是一個被廣泛使用的概念，每個人都有自己的定義。其實它表達的最真實涵義就是，項目如何賺錢。

亞歷山大‧奧斯特瓦德在他的著作《商業模式新生代》中提出了一套名叫「商業畫布」的工具，把設計和表述商業模式變得十分簡單、清晰。商業畫布包括 4 個角度和 9 個模組，如圖 6-2 所示。

圖 6-2　商業畫布

4 個角度：為誰提供、提供什麼、如何提供、如何賺錢。

9 個模組：客戶細分、客戶關係、管道通路、價值主張、關鍵業務、核心資源、重要合作、收入來源和成本結構。

下面以我自己的商業模式為例填寫這張商業畫布。

客戶細分：因收入管道單一而困擾，找不到更多增長收入的方式、實現自己人生目標的人，我們就是服務這群人（以女性為主）。他們可以是有「35 歲危機」的職場人、無收入來源的全職寶媽和想提升理財技能的人。

客戶關係：幫助客戶改變行為，實實在在地提升收入，建立長久的陪伴關係，獲得客戶的口碑轉介紹。

管道通路：我的微信公眾號、小紅書矩陣及合作管道。

價值主張：通過文章、社群、體系化的課程，幫助客戶在自由人生公式涉及的 5 個方面提升賺錢能力，拓寬收入管道。

關鍵業務：我要做的三件核心的事情：第一，拓寬學員的賺錢思路，學會副業、套利、投資、打造個人品牌等多種收入提升方式；第二，陪伴成長，反覆運算更多的賺錢機會，幫助

學員在眾多不確定性中提高抗風險能力;第三,影響更多人。

核心資源:我能做這件事,是因為我在職場、副業、投資、套利等方面有多年的研究,具備挖掘資訊、從中發現賺錢機會的能力。這就是最大的競爭壁壘。

重要合作:建立與社交平臺、其他 KOL 的合作關係。

收入來源:課程費、社群會員費等。

成本結構:我最重要的成本是人員成本,用於營運和學員服務團隊的建立。此外是推廣成本、實物周邊產品成本、學員獎勵金等。

這張商業畫布的核心是價值主張、客戶細分、關鍵業務和收入來源,這 4 項是理清我如何在知識服務專案上賺錢的關鍵要素。對我來說,這張商業畫布的重點在於價值主張和客戶關系。好的價值主張能吸引更多同頻的人,協助客戶完成蛻變。有了更好的口碑,在獲取新客戶時就能省不少力。

不同的商業模式其發展的重點不一樣。理清商業模式後就可以判斷當下對我們最重要的是什麼。

請用 4 個視角、9 個模組設計自己的商業模式。

平臺流量：破解流量焦慮，打造高轉化率自運轉模型

　　隨著影片平臺的興起，使用者的注意力被五花八門的內容吸引，很多需要從平臺獲取流量的公司、博主都產生了流量焦慮。

　　寫公眾號的人焦慮閱讀量、打開率和廣告收入的同步下降，2023 年大部分公眾號博主的廣告收入都有 30% 以上的下降；做影片內容的人焦慮平臺的推薦機制正在向新人和更高品質的內容傾斜。作為靠平臺推薦機制獲取流量的博主們，每一次生產的內容都要進入整個平臺的大池子中博弈，有博弈就有輸贏，因此永遠活在焦慮中。

破解流量焦慮

對於沒有營運團隊的新手來說，在共用平臺上沒有流量就無法變現，沒有變現就很難堅持下去。但破解流量焦慮的最好方法就是建立自己的私域流量池。

私域流量和公域流量是相對應的。公域流量是指抖音、IG、YT、小紅書等承載客戶的平臺上的流量，我們在這些平臺上上傳內容以吸引使用者的關注。私域流量則是指自己搭建的流量，如個人的微信、公眾號、自己的 LINE 社群或 FB 社團社群等，兩者的本質區別在於我們對流量的使用權和引導權。公域流量相當於「搜索流量」，我們只有使用權，用完即走，無法反覆傳達。但對於私域流量，我們不僅有使用權，還有所有權，可以無限次觸及。

建立私域流量池的意義在於我們透過不同的管道獲得的公域流量，以客戶的形式導引到我們自己營運的載體上，降低獲客成本，提高營運效益。

私域流量營運的核心是和客戶構建長久的信任關係，從賣貨思維轉變為客戶思維。很多人存在著思維誤區，認為私域流量是以銷售為導向來吸引使用者，然後「收割客戶」。其實這

只是流量紅利下的賣貨思維，不考慮客戶的全生命週期價值，賺到錢就跑。這種做法如今是不可取的，只想著「收割客戶」，最終就會被客戶拋棄。

我們獲取流量從來都不是只有成交這一個目的。真正的私域流量營運是把客戶當朋友，陪伴客戶一起成長。信任是流量的開端，好的服務是維持信任的關鍵。

應把「構建長久的客戶關係」作為私域流量營運的第一原則，讓客戶相信你，願意跟隨你，購買你的產品，把你當作一個懂他、關心他、有情感、有溫度的專家及好友，甚至願意為你終身付費，這才是真正優秀的私域流量營運。例如，我的社群每次開放年度會員續費，無論怎麼強調只能續會一年，都會有人不按規定連續購買三、四年，我只能逐個退回並說明。

打造高轉化率自運轉模型

對單打獨鬥的新手來說，要想更高效率地完成 IP 變現，就必須重視私域流量營運。100 萬個公域流量粉絲遠不如 1000 個精準客戶重要。對我來說，時間是最大的成本。如果批量生產公域內容以擴大粉絲量，那麼提高精準客戶的數量和轉化率就

成了最重要的事情。

我的粉絲數量與大部分博主相比微不足道。截至 2023 年 3 月，我的微信公眾號粉絲只有 31000 人，導流到個人微信號的只有 11000 人。雖然客戶很少，但是勝在轉化率高。很多時候，我的活動付費轉化率能達到 30% 以上，社群客戶續費率達到 60% 以上。這樣的高轉化率給我帶來的營收超過了很多擁有 50 萬粉絲的博主。這完全依賴於我打造的高轉化率自運轉模型，來自於我的精準客戶。

我不怎麼在意公域流量客戶數，只在意精準的私域流量客戶，把有限的時間花在服務好這些精準目標客戶身上。我把這套自運轉模型分為 4 點，形成了一個自我增長的模型，如圖 6 - 3 所示。

圖 6 - 3　私域流量使用者轉化的自運轉模型

（1）內容吸引

不追熱點，不製造焦慮，只做真誠的、對客戶有價值的內容。專業和真誠的內容能節省掉說服使用者的過程，讓客戶自己說服自己。我的公眾號文章、小紅書筆記等只寫兩種類型的內容：一是關於理財、副業、套利、保險等話題的乾貨知識；二是我如何實現自由人生狀態的個人故事、我在自由人生公式的 5 個方向上的探索過程，以及如何取得現在的成果。

這些文章會吸引同頻且能被我的內容觸動的人，建立我與客戶的初步關係。如果內容數量足夠多、足夠真誠，甚至不用我說一句話就能吸引客戶下單。經常有使用者半夜激動地發訊息給我說：「阿七，我看完了你所有的公眾號文章和你出版的電子書，激動得一晚上睡不著，真後悔這麼晚才認識你！我想買你的課！」

內容吸引的最大作用還是將公域的粉絲篩選到我們的私域流量池，吸引他們加我個人微信號，我們就有了更進一步瞭解和觸及他們的機會。

（2）客戶擴展

客戶擴展的意思是客戶進入私域流量池後會看到我們是鮮活、真實的人，而不是發行銷廣告的機器。我們要全面展示個人的觀點、學員案例、價值觀和生活方式，讓客戶被沉浸，建立出信任的過程，再用直播、分享等進行客戶篩選。在客戶擴展環節，最重要的是建立朋友圈，利用朋友圈做個人品牌。

商業的本質是觸達和信任，信任的本質是實力和「人情味」。用朋友圈構建信任，主要可以表現在以下 3 方面。

第一，高頻輸出。每天保證至少有 1 條發文，才有機會建立信任。

第二，細節真實。沒有生活的 IP 就是一潭死水，你要有一些讓人記住的標籤或重點標記，可以更接地氣一點更好，如佛系旅遊博主、被老公寵、幽默、原則感強、愛寵物等主題。展現不同的場景、人、物之間的故事。

第三，展現案例。關於專業內容的朋友圈可以切中客戶的痛點，提供解決思路，展現成功案例，吸引有相同問題點的客戶來找你尋求解決方案。

（3）超預期交付

產品要有好的口碑就要做到超過客戶的原本預期。這比你自說自話地講自己是如何厲害更容易讓人信服，而且關係到客戶是否願意自動自發地為你宣傳，以及是否願意與你建立長久的關係。

從以下 3 方面做到超預期交付。

第一，不過度承諾。 例如，只要按我教的方法就可以讓學員每個月至少多賺 10000 元，但我不會直接這麼說，而是會宣傳「學了這門課至少能教你賺回學費」，那麼額外的部分就是超出使用者預期的了。

第二，想在客戶之前。 例如，客戶進入我的社群只是想要有一個可以交流賺錢方法的地方，我除了提供這樣的交流空間外，還會想到使用者在改變認知後需要更多的實際操作機會幫助他們把知識內化，於是新增了對會員免費的實際操作練習營，這對客戶來說也是超預期交付。

第三，營造歸屬感。 在行銷方面有節制、主動勸退不符合社群價值觀的人、製造「頓悟時刻」（Aha moment）、設計專屬

的社群周邊產品等，都可以營造使用者對產品的歸屬感。

（4）口碑傳播

有了信任和超預期交付，就容易讓客戶自發性地傳播，向身邊的朋友推薦我們的產品。我的課程在前兩年吸引了 2000 多位付費學員，其中超過一半來自口碑傳播。也就是說，我幾乎不做什麼行銷，大部分情況下在朋友圈預告一下開課時間就能很快額滿。經常有學員問我：「沒見你發廣告啊！怎麼就報名額滿了呢？」因為老學員會源源不斷地介紹朋友來上課，甚至最多的有介紹了 50 多個朋友來學習的。

口碑傳播的背後是長期的超預期交付，以及學員對我的高度信任。用他們的話說：「阿七老師的課可以閉著眼睛買。」我要說的並非是我有多厲害，而是信任的背後是客戶對我人格的認可和價值觀的認同。這樣願意不斷再次購買我的產品且自動自發地在公開場合推薦的人，就是鐵粉。內容吸引、客戶擴展浸潤、超預期交付、口碑傳播這 4 個環節互相作用，形成了我們的流量生態。

────────────────────── 實戰小演練

請從堅持寫朋友圈開始，搭建自己的流量自運轉模型。

花式寵粉：讓 1000 個粉絲 自動自發為你傳播

凱文・凱利曾在《技術元素》書中提出過一個非常經典的理論 ── 1000 個鐵桿粉絲理論。他的原話是「保守假設，鐵粉每年會用一天的薪水來支持你的工作。這裡指的一天的薪水是平均值，因為鐵粉肯定會比這花得多。再假設每個鐵桿粉絲在你身上消費 100 美元，如果你有 1000 名粉絲，那麼每年就有 10 萬美元的收益，減去一些適度的開支，對於大多數人來說已足夠生活。

先收集 1000 個鐵桿粉絲

並非所有付費客戶都是我的鐵粉，只消費一次就走的不能算鐵粉。所以客戶好找但鐵粉難求。在我 3 萬多的私域客戶中，

鐵粉可能不到 400 個。通常鐵粉有以下幾個特徵。

第一，無條件信任你。無論你賣什麼，他都願意買。

第二，願意在公開場合或向身邊人推薦你和你的產品。

第三，如果有人提出反對意見，他們會主動站出來維護你的形象。

第四，對你的社群有主人翁精神，願意做志願者，帶新客戶參加活動。

正是因為一個鐵粉的價值相當於 1000 個普通客戶的價值，所以他們顯得特別珍貴。我們和鐵粉之間是互相成就、互相賦能的關係，彼此見證對方的成長，他像是種子，會帶著我們共同的價值觀去影響更多人。

鐵粉用金錢表達對我們的忠誠，當然值得我們花更多的心思「寵愛」他們，為他們提供不一樣的優待和權利。我的意思並不是一定要花多少錢，但是要有溫度。例如，我的萬元社群──「自由人生俱樂部」的會員可以得到我設計的全套社群周邊產品，包括印有「早日退休」的帆布包、徽章等，如圖 6-4 所示。這些周邊產品或許不值多少錢，重在表達心意和身份認同。

圖 6 - 4　社群周邊產品

　　向鐵粉提供特權和優待，是 10 幾年前我從保養品中的頂級品牌海洋拉娜學到的。作為海洋拉娜的忠實粉絲，無論是生日禮物，還是日常的新品體驗，我都能收到一張手寫的專屬卡片，字跡娟秀，用詞溫暖又不過分討好。即使只是一個 3.5mL 的面霜，他們也會悉心用盒子裝好，綁上印有品牌名的墨綠色絲帶。這樣細緻的服務和對待使用者的態度在當時眾多護膚品牌中是獨有的，有溫度的態度及出色的產品體驗是我 10 幾年不換保養品品牌的主要原因。

　　我把從海洋拉娜學到的寵粉服務也用到了使用者營運中。

寵粉的祕訣

在寵粉這件事上我自認為是專業的，畢竟我經常被學員戲稱為「寵粉博主」。我認為既然已經從茫茫人海中把鐵粉吸引出來了，就要好好維護他們，即使寵不了所有粉絲，也要寵好「金字塔尖端」的那些粉絲。

如何讓鐵粉更喜歡你、追隨你，我有以下幾個建議。

（1）洞察需求，在鐵粉的成長上花心思

這一點是首要的。鐵粉在成長過程中不會只遇到一個問題，有時是收入增長上的，有時是職場上的，有時是親密關係上的，有時是目標管理上的……只要我能提供思路和解決方案的，我都會無條件地加以回覆建議，甚至願意為了鐵粉去學習一門新技能。當然，我做的所有事都是跟自己的願景相符合的。

例如，資產配置中重要的一環是「保命的錢」── 保險的配置，我與 4～5 個保險經紀人合作並篩選了一些團隊，我前面有說過，我發現如此仍不足以滿足需求時選擇自己入局，入職明亞保險經紀公司，再把自己花費上百小時學到的保險知識濃縮成一節課教給學員、鐵粉們。而且我帶著助理們一起學，然後為學員們做免費的保險諮詢服務，讓他們找到適合自己家庭的

保險產品。

諸如此類的事我做了很多。例如，鐵粉客戶說不會寫工作總結，我於是做了一場專題分享，聊怎麼寫工作總結；或者他們想要增加收入，我就去挖掘更多賺錢的機會，花時間帶著助理測試、跑通邏輯，找到管道和要避開的「坑」後悉數教給學員們，甚至建立一個助教團隊督促他們行動。

我認為這應該算是高度寵粉了，想他們所想，做他們所需，順便從中賺到一點點錢。

（2）製造儀式感，用溫度吸引粉絲

現代人每天都被壓力和忙碌壓的喘不過氣來，溫度成了奢侈品。適當地製造一些儀式感，可以讓粉絲對你愛不停。製造儀式感的方式有很多，既可以是精神或物質上的獎勵，例如，贈書、手寫信、專屬稱號、社群周邊產品等；也可以是記錄他們成長的影片、文章、電子書、圖片等，幫助粉絲回顧過去一年的成長；還可以在特殊的日子贈送小禮物，如生日、加入社群的日子等。

我把「製造儀式感」這個理念貫穿於客戶營運的始終。例如，對每一位元優秀學員我都會送一本書，手寫寄語，每個人

的寄語都是獨一無二的，如圖 6-5 所示。經常有人收到後感動得想哭，因為戳進她心裡了。要想做到這一點，我就要在平日留心觀察每個人的不同需求。

圖 6-5　社群周邊產品

我印象最深的一次是在一位學員過生日時，我買了 99 朵粉色荔枝玫瑰送到她的工作單位。這是她第一次收到鮮花，她在同事們豔羨的目光中獲得了「峰值體驗」。

鐵粉之所以願意追隨你，是因為想近距離地學到更多東西。如果你不擅長洞察需求和製造儀式感，那麼一定要幫助他們以

飛快速度成長，讓他成為你的成功案例。這是對你專業度的最好證明，可以吸引其他客戶靠近你。

我有一位學員在 2021 年 12 月認識我時還是剛辭職的文案主管，主業和副業收入加起來不到 10 萬元 / 月。她也是我的鐵粉之一，報名參加了我所有的課程和社群。2022 年我幫助她找到了事業方向，實現了一年收入 500 萬元收入的突破。她的案例激勵了很多人，讓他們意識到只要方法得當，自己也有可能收入倍增、年收入突破百萬元。

總之，對待鐵粉要用心；與其盲目追求流量的增長，不如走得慢一點，先服務好 1000 個鐵粉。

實戰小演練

請為身邊信賴自己的粉絲或朋友設計一個用心的且充滿儀式感的事件。

圈粉利器：三步驟寫出一年可變現 250 萬元的故事名片

　　和大家分享一個非常好用的圈粉利器 —— 故事名片。顧名思義，故事名片就是一篇介紹自己個人故事的文章，與我們在商務場合中互換的名片作用相似，可以讓陌生人建立對我們的第一印象。故事名片比紙質名片更進一步，不僅能傳遞聯繫方式，還能完整地對外展示我們的成長經歷、專業方向、人格魅力，並且釋放出合作信號。

好的故事名片可為你圈粉

　　有了好的故事名片，不用你開口推銷自己，客戶自然就會被吸引，甚至自動將你的故事名片轉發到其他公域平臺。我的朋友奧姐是一家公司的銷售總監，她寫了一篇專業的故事名片文章發到網路上已經一年多，每個月都能穩定為她帶來幾百個精準客戶。

　　傳統的個人介紹和故事名片之間最大的區別在於不自賣自誇，請看以下案例。

案例一：我是做理財的

傳統介紹：我是做理財的，我多麼厲害……收益多高。

故事名片：我 8 年投資收益增長 10 倍。8 年前我也是投資小白，因為 ×× 原因開始學習投資，在這個過程中發生了 ×× 跌宕起伏的投資故事。我踩過「坑」，也賺過錢，總結了一些適用於和我當初一樣是投資小白的投資心得，希望能給你帶來啟發……

案例二：我是做母嬰產品的

傳統介紹：我是 ×× 品牌的，我們的產品特別好。

故事名片：我是兩個孩子的母親，也是服務過 2000 位新手媽媽的生意人。3 年前我生第一胎時，我家大寶因為用了錯誤的產品而住院，我從此踏上了母嬰產品測評之路……

我們可以感受一下兩者的區別，前者顯得太過功利，而後者似乎更接地氣，人們更願意看故事。

故事名片的關鍵點在於要表現 3 個面向：一是講述你的專業故事；二是向他人分享價值和你的初心；三是讓他人記住你是誰。

故事名片也可以呈現出你在專業領域的經歷，內容具有很強的故事性，能夠吸引精準客戶，而且你分享的經驗也有利他性。故事名片的篇幅最好是在 4000 字以上，客戶願意看的時間越久，對你的印象就越深刻，可以實現「一魚多吃」。

3 年前我寫過一篇名為「我用 2 年時間，收入翻 10 倍」的故事名片。這篇文章多次被其他公眾號推薦，雖然總閱讀量不到 4 萬人次，卻為我帶來了 1000 多個精準客戶，變現超過 250 萬元。我後來在其他平臺和社群做分享時都會先發文這篇文章，讓客戶先建立對我的初步印象，這樣既省時又省力。

▎故事名片的類型

常見的故事名片有下列 3 種類型。

（1）影片版

我們經常在影音平台如抖音、小紅書看到的「一個 ×× 女孩的 10 年」、「一個 ×× 男孩的 10 年」就是影片版的故事名片，但影片的時長有限，只能用故事共情，較難展示專業價值。

影片版的故事名片重點在於照片和影片素材的收集，用腳本串起人物、經歷的時間線。

（2）雞湯版

類似「從負債 500 萬元到年入 5000 萬元，一個創業者的 10 年」這樣的故事，側重於講述自己低谷時期的不如意，如何不畏艱險地克服困難，最終走上人生巔峰。這類故事雖重情節要跌宕起伏，但務必真實不造假。

（3）專業版

專業版故事名片要表現的內容是自己的專業性和初心。例如，「我用 2 年時間，收入翻了 10 倍」側重於自己如何靠打工、創業、投資三條路都實現了年收百萬的經歷。在這篇故事名片文章中，我詳細寫了打工實現年收入百萬元的過程，跳槽和升職加薪的關鍵點在哪裡；創業實現年收入百萬元是遇到什麼樣的契機，如何找到創業機會和成功的關鍵；如何靠理財讓財富增長百萬等，以及我的建議是什麼。

如何寫出「可變現」的故事名片？

朋友花爺說：「故事名片是你人生經歷的電影，得符合電影邏輯。」既然是電影，就要遵循電影的敘事套路：一是起點低，從草根開始；二是至少有兩段以上的波折；三是在前行的路上永遠有困難，但困難都被我解決了。寫故事名片的通常順序是先定主題、再定框架、最後寫故事。

（1）定主題

主題有一個典型的框架：我如何用 ×× 天在 ×× 領域做到 ×× 成績。例如，「我如何用 120 天新建一個月銷售 1500 萬元的網店」。

主題包括三個因素：深耕的行業、取得的成績、創業生意經或是專業經驗。第三個因素決定了你的分享物件是 B 端使用者還是 C 端使用者，可以根據你的銷售產品來設定目標人群。

例如，生意經可以是「我是怎樣用一部手機把生活用品店開到全國的……」專業經驗可以是「我如何在半年內實現小紅書增長 10 萬粉絲，變現 50 萬元」。

（2）定框架

背景介紹：你是什麼樣的人，在什麼領域實現了什麼樣的目標，為什麼有這個目標。目的是獲取身份認同，重點在資料的提煉，舉例說明如下。

大家好，我是 Aria，跨境獨立站的操盤手，曾經獨立負責過多個爆品銷售網站，熟悉歐洲和美國市場，目前從公司離職，開始自主創業。這次我想和大家分享怎樣用半年時間從 0 到 1 搭建 2 個月銷售 30 萬元的獨立網站。

人生起伏：把你的人生經歷分成 2～3 段，寫每一段的目標、遇到的困難，為了解決這個困難做出了什麼行動，獲得什麼結果。

經驗分享：基於這段經歷，有什麼經驗和心得可以分享。

轉化動作：總結成績，你能提供什麼價值和服務，展現和你合作的可能性。

轉化動作主要有圈粉類和合作類。例如，圈粉類：「靠近我的人都會變有錢，歡迎來連結」；合作類：「我有 ×× 資源，

歡迎感興趣的老闆來合作」。

（3）寫故事

要寫出令人動容的故事，必須注意以下 2 點。

一、注重細節。人物背景、性格，所有目標、困難、執行過程、結果的資料細節，以及每一次情緒波折、場景細節，都是讓故事名片更真實、更可信的因素。

二、多用金句。金句的意義在於淬鍊、昇華主題、讓人印象深刻，更容易產生轉發的動力。例如，「主管最喜歡的永遠是替他解決問題的人」、「當你擁有了 1000 個鐵粉，想不變現都難」、「客戶買的不是產品，而是內心需求的滿足」、「父母理財知識的儲備決定了孩子財商的上限」。

①好的故事名片、②把粉絲引流至私域、③實實在在寵粉，從這 3 個方向上發力，是形成個人品牌的增長飛輪，變現和影響力都會唾手可得。祝大家都能讓自己的個人品牌，讓飛輪轉動起來！

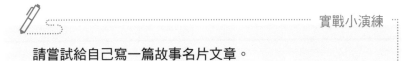

請嘗試給自己寫一篇故事名片文章。

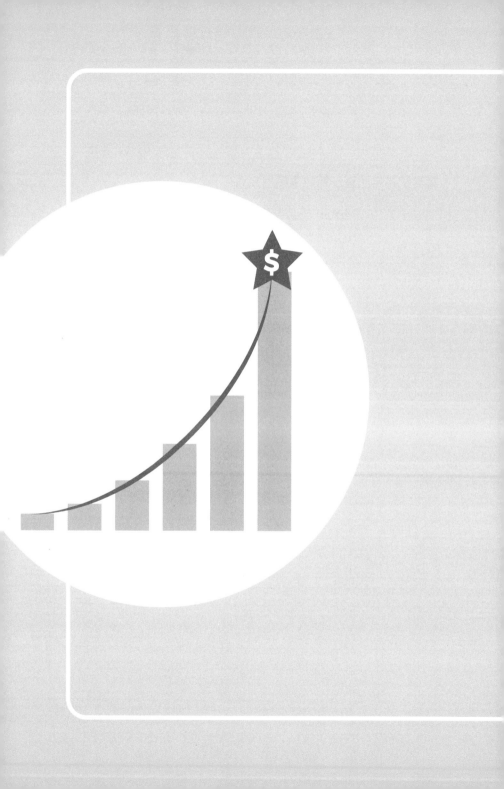

第 **7** 章

5 年收入翻 10 倍的
核心法則

目標管理：設定 5 年階段目標，規劃人生藍圖

> 大部分人每天都在忙忙碌碌地工作、生活，日復一日、周而復始地為了事業和家庭奔波，就像齒輪一樣不停地運轉，無法放慢腳步去思考自己究竟想要過什麼樣的人生。

• • •

畢業後的 13 年間，我從職場「小白」一路「升級打怪」升級到營運總監，再到自行創業；從月薪 10000 多元到現在的年收入超 500 萬元，成長的飛輪轉得飛快。

每 5 年我都會給自己設定一個收入翻 10 倍的階段性目標。很多人問我：「為什麼你比同齡人跑得更快？」是因為我清楚

地知道自己的目標是什麼，奔著目標勇往直前罷了。

人們經常把自己過得渾渾噩噩的原因歸結為周圍環境的影響或自己能力不足，其實主要原因是目標不明確、選擇不清晰。如果一個人終其一生沒有目標，即使每天有吃、有喝、有班上就滿足，容易迷失自我、對生活毫無激情。

但是當心中存有太多欲望或可支配的時間時，我們就會進入「既想做這個，又想做那個」的狀態。仔細回想一下，你下班回家後是不是往沙發一躺，刷抖音，看小紅書，無聊了再看看電視劇？月底錢不夠用時，既想考證照給自己的資歷加碼，又想找個副業增加額外收入？很多人的生活狀態就像站在十字路口，不知道該往哪裡去，讓自己陷入不確定性中。

在有太多的選擇時，我們會不自覺地選擇那個最清晰、最有確定性的選項；在沒有足夠清晰的目標和選擇時，我們就容易「躺平」、貪圖眼前享樂，所以我認為設定階段性時間和目標很重要。

▍用願景呈現人生藍圖

「5 年收入翻 10 倍」這個量化的目標並不是激勵我的最重要因素。無論 10 倍還是 100 倍都只是一個數字。需要更具象的目標才能產生推動我們前行的動力。

我最常使用的方法還是描繪出人生願景，它幫助我清晰地看到了自己理想的人生藍圖。大腦會影響我們的行動，人生就會順著我們描繪的願景一步步前行。來，一起試著想像一下，5 年後的你是什麼樣的狀態？自己會感到滿意？

- ▶ 我當時幾歲了？
- ▶ 生活在哪個城市，住在什麼樣的房子裡？
- ▶ 和誰在一起，做著什麼樣的事？
- ▶ 那時候我的心情和狀態是什麼樣子？
- ▶ 我應該每天在做些什麼，身邊有誰，或是有什麼？

描繪得越具體、越生動越好，最好能找到符合這些描述的圖片，把它們貼在書桌前，或是貼在自己的夢想版上。當你累了、想躺平時就抬頭看一眼，然後閉上眼睛想像自己已經實現了這樣的願景，你馬上就會動力滿滿。

　　至於如果你腦中完全沒有想法，可以如何找到願景（夢想）呢？我分享以下 3 種思路。

　　（1）關注我們追求的美好事物，這些事物應該是 10 年不變的。例如，我們對成長、親密關係、財富的追求。人總是喜歡關注變化，但在願景這件事上，「不變」更重要。

　　（2）用「以終為始」的思維方式進行思考，先考慮終端問題，再倒推操作步驟。先思考你想成為什麼樣的人，再思考這樣的人應該是怎樣的狀態，如何成為這樣的人。

　　（3）最小化後悔表。當你面臨重大的人生抉擇時，先問自己：「假設現在已經 80 歲了，這件事情如果不做，會不會後悔？」如果會後悔就果斷去做。願景也是如此，拿一張紙寫下 5 年內不做就會後悔的事。

　　以上 3 種思路可以轉化成一個向內求的問題：在不用考慮金錢的情況下，你這輩子最想做什麼？

　　3 年前，我在一次和朋友們的聚會上聊到了這個話題。有人說，如果錢足夠，我想去環遊世界；也有人說，我想把自己在業務增長上的經驗教給更多小公司，幫助他們在經受新冠肺炎

疫情影響的商業環境中存活下去；還有人說，我想寫一本自傳，把自己的故事講給女兒，讓她能從中獲得一些對生活的勇氣。輪到我回答時，我想了許久，我最想做的只有兩件事：一、尋找一處清淨的地方安家，有天、有地、有家人陪伴；二、寫一本書，把我如何實現當下生活的人生系統分享給更多找不到生活方向的年輕人。

以終為始，從終極目標出發，用它指導你當下的每一步行動。正如你現在看到的這本書，就是我在為實現自己的願景所做出的努力。

我的第一個 5 年願景

工作後的第一個 5 年，我的願景是在 2015 年存夠 50 萬元存款用於投資，和妹妹一起出國旅行一次。那時候我在主業之餘除了熱衷於賣保養品小樣，還會在旅行網站上看攻略。我搜集了泰國蘇梅島、普吉島和清邁的很多照片，跟著旅遊攻略一遍遍地想像，如果我也能去旅行，就要去沙灘吹著海風、喝冰椰子水，去清邁夜市吃小吃，去泰北森林玩叢林飛躍。每次在工作上受了委屈，我都會點開蘇梅島海邊的照片，然後就釋然了。

　　只看肯定是不夠的，行動也要跟上。2012 年 8 月，我得知亞洲航空公司（簡稱「亞航」）即將開通直飛曼谷的航線，便提前搶購開航大促銷，用 10500 元雙人往返曼谷的票價預定了 2013 年 4 月飛曼谷的行程。當時亞航的規則是機票預訂後不退不換，我只有兩種選擇：不去，就損失一個月的薪水；去，就要想辦法賺錢。如果是你會怎麼選擇？我當然選擇後者，畢竟它是我這幾年辛苦工作的動力。

　　我選擇提前一年訂機票，就是為了不給自己留退路。為了省錢，我更關注並搶購曼谷往返普吉島和曼谷往返清邁的機票，把曼谷作為中轉站，規劃了 10 天 9 夜的行程。為了節省住宿費，我們甚至帶了薄毯準備在機場睡一晚。那一年，我的薪水才 15500 元 / 月，擁有 50 萬元積蓄和出國旅行是我能想像到的、可以踮起腳尖攝看看的理想生活。在這個 5 年計畫的第 3 年，我實現了這些目標。

我的第二個 5 年願景

　　第二個 5 年，我用 500 萬元存款和成為電視劇中又酷又颯的女總監來激勵自己，無數次在腦海中想像自己站在會議室黑板前向主管彙報季度目標超額完成的樣子。想得越細節越能感

受到成就感和掌聲就在眼前。

為了實現這兩個願景，2014 年我開始準備深入學習投資，學習如何用錢生錢。在主業中我選擇跳槽到更有前景的互聯網公司。因為互聯網公司的升職機會更多，離我的目標更近。成為女總監的目標在這個 5 年中的第 2 年就實現了，存款目標也在第 4 年實現了。

我的第三個 5 年願景

在第三個 5 年，我希望擁有 5000 萬元的資產。在生活上，我的願景是擁有一套 140 平方公尺 [a] 以上的四房的房子，其中一間當書房；有 50 平方公尺以上的院子，有充足的空間種月季花，有草坪可以讓狗玩耍，閒暇時邀三、五好友在花園喝茶、燒烤，偶爾給學員上課，給企業做營運顧問；每年有 3 個月時間可以出去旅行、見朋友、可以面對面幫學員上課。

這個願景描繪得很具體，我甚至能感受到陽光和微風吹過來，小狗在嬉鬧，貓咪抬眼看一下我，又閉上眼舒服地曬太陽。

注 a　每平方公尺 =0.3025 坪。

剛定下這個目標時，我看上了朋友家所在的社區，甚至從網上下載了自己喜歡的戶型圖，貼在書桌前激勵自己實現目標。和前兩個 5 年一樣，我在第三個 5 年中的第 3 年提前實現了目標。

願景的原理

我理解的願景主要由兩個因素組成 ——「核心理念」和「未來藍圖」。核心理念是你想成為什麼樣的人；未來藍圖是你想做什麼樣的事，擁有什麼樣的生活。當然，你也可以提出財富方面的願景。

願景本質上是一種從全面向出發的視角，它督促我們著眼於長期價值，聚焦於關鍵想法，不過分拘泥於眼下的細節。也就是所謂的「北極星目標」，意思是現階段最關鍵的目標。例如，公司創立初期的北極星目標是客戶數的增長，公司應該快速擴大使用者規模，佔領市場；到了成熟階段，就要降成本增效能、關注營收的增長。願景就像我們的北極星目標，看起來比較遙遠，但是我們在低頭走路時應該時不時地抬頭看一下它，以免偏離了方向。願景是怎樣推動我們前進的呢？

（1）它代表一種預見能力，可以把抽象的目標變成一個具體場景，將遙不可及的目標視覺化，讓我們在充滿不確定性的現實中看清那些可以帶來長遠價值、持續產生複利的事情。

（2）人需要正向回饋，但生活中的大部分事情沒有辦法給予及時、正向的回饋。描繪願景就是提前感受正回饋的過程，在迷霧階段給自己堅持下去的勇氣。

（3）願景能對人產生激勵，凡能成事者都有激勵自己和別人的能力。

描繪清晰的人生願景只是第一步，它像燈塔一樣指引著方向。方向清晰了，才能制定更明確的達成方法，用方法指導行動，實現人生目標就不再是難事了。

實戰小演練

請從現在開始給自己制定第一個 5 年願景。

第 **2** 節

深度思考：思考的深度決定了 人生的高度

> 願景和目標只是為我們指引了方向。如何才能實現 呢？我們還需要深入地思考從起點到終點的實現路 徑。

● ● ●

深度思考是看透事物的內在規律，進行系統深入的思考後做出正確決策的思維能力。人們習以為常地認為深度思考的對立面是淺度思考，但我認為在現實生活中「不思考」的人比習慣淺度思考的人更多。

大部分人之所以學了很多道理依然過不好這一生，就是因為還停留在學生時代的思維方式，等著有人告訴你正確答案，把答案背下來就能應付過去。他們不僅在職場中等著主管告知該做什麼、怎麼做，甚至在親密關係、個人成長、財務投資等方面都希望有正確答案可抄寫。但是每個人的境遇不同、能力不同、起點不同，根本不會有所謂的標準答案。我們唯一能從成功人士身上學到的，就是他們思考和認識問題的方式。

▎黃金圈法則

我在帶領團隊完成目標時曾經做過兩個嘗試：一是直接將目標分配到每個人身上，告訴他們應該怎樣做才能達成；二是先告訴團隊成員為什麼要完成這個目標、對公司業務有什麼樣的價值和作用，然後把目標分派給每個人，告訴他們要想達成可以從哪些方面考慮。

結果顯而易見：在第一種方式下，只有 30% 的人完成了目標，他們告訴我無法完成的原因是同事不配合、公司預算沒有給到位、嘗試了一下方法但沒效果；在第二種方式下，90% 的人完成了目標，因為明白自己所做事情的價值能激發他們思考

達成目標可以從哪些方面著手、哪個路徑更快,以及執行過程中遇到問題後如何複盤和反覆運算、操作。兩者的區別僅僅是思維方式的不同。

　　管理學家西蒙·斯涅克在演講中提出過「黃金圈法則」的思維模式,如圖 7 - 1 所示。黃金圈由 3 個圓圈組成,最裡面的圈叫「Why」,即為什麼,對應我們做某件事的目標;中間的圈叫「How」,即如何做,對應我們做事情的方法;最外面的圈叫「What」,即做什麼,對應方法的執行。

　　一般人的思維方式大多是從外到內的,先考慮做什麼,再

圖 7-1　黃金圈法則

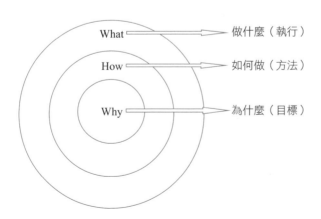

想怎樣做，最後才問為什麼，也就是：What → How → Why；而優秀的人的思維方式是由內而外的，也就是：Why → How → What。這種思維方式不僅適用於激勵人心，還適用於鼓勵行動。

在職場中它適用於管理者跟員工建立同步目標，激發員工的主動性；在教育上，它適用於讓學生先知道知識的原理，促進他們的行動；在人生目標上，它適用於激勵自己，產生源源不斷的動力。願景就是「Why」，拆解願景、制定計劃就是「How」，計畫制定後的執行過程就是「What」。

▎三種重要的思考方式

3 年前我在一個學習社群分享 2015 年自己做過的「源公益，一分助學」專案時，有位資深的心理諮詢師找到我，她說：「我很好奇你是怎麼會有這麼渾然天成的底層能力的。」那天我們聊了很長時間。在此之前，我從來沒有意識到自己與別人在思維方式上有什麼不同。後來我自己想了很久，我能在任何自己想做的事情上取得一般人眼裡的成功，原因除了我從小就有的強大信念：「沒有我做不到的事情，只看我想不想做」之外，還有所謂的「可遷移能力」，如圖 7−2 所示。

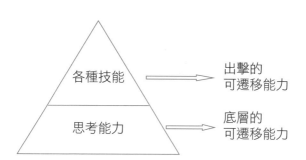

圖 7-2　可遷移能力模型

　　初級的可遷移能力是「技能」。例如，我在寫作上的技能可以應用在內容營運上，投資上的行業分析、公司分析技能可以遷移到企業營運顧問上。

　　底層的可遷移能力應該是「思考能力」。例如，我經常用來提升思考能力的思維方式有量化思維、拆解思維和閉環思維。

（1）量化思維

　　量化思維是一種解決問題的思維方式，透過量化讓不確定的事情變得清晰。例如，我想成為在個人成長方面有影響力的人，但「有影響力」是一個模糊的概念，量化就是給它設定一

個數值。可量化的目標有很多，既可以是方向上的量化目標，例如，在主業、副業、投資、套利、個人影響力等 5 個成長方向上成為有影響力的人；也可以是綜合的量化目標，例如，在我心裡有 10 萬公眾號粉絲就算是有影響力。有了量化的目標，就能做到「心中有數」，每一步都能知道距離目標還有多遠。

（2）拆解思維

拆解思維是最簡單的認識世界的方式，也是最基本的解決問題的模型。還是以「我想成為在個人成長方面有影響力的人」為例。有了 10 萬公眾號粉絲的量化目標，假設我想在一年內實現它，就可以拆解為每季度需要實現 25000 個粉絲的增加，每個月需要實現 8333 個粉絲的增加，每週需要實現 2084 個粉絲的增加。還可以繼續往下拆解：每季度的 25000 個粉絲來自於哪些渠道？

不同的管道可以透過哪幾種方式吸引使用者關注？是藉由個人故事、乾貨分享、福利活動，還是其他管道的推薦？

很多人面對複雜問題時充滿了焦慮情緒，不知如何下手。拆解思維能幫助我們把複雜的問題拆解成幾個部分，然後一個

一個解決。就像簡單的數學算式：6=1+2+3，我們逐個擊破 1、2、3 就可以了。

（3）閉環思維

閉環思維是一種從 0 到 1 解決問題的思維方式。不管我們是做一件事還是創業，都要有閉環思維。如果沒有閉環思維，我們看到的世界就是點狀或線性的，而不是一個整體。依然以「我想成為在個人成長方面有影響力的人」為例。量化目標是 10 萬公眾號粉絲，沒有閉環思維的人可能採取的做法是透過購買流量實現粉絲量的增長，而在閉環思維下正確的做法是「購買流量→生產符合使用者需求的內容→閱讀量和轉發量提升→吸引更多流量→生產符合使用者的產品變現→變現的錢一部分拿來購買流量」。

在工作和個人成長中，我們常用到的 PDCA 循環就運用了閉環思維，如圖 7-3 所示。

P：有了願景後確定行動計畫（Plan）。

D：執行計畫（Do）。

C：在執行過程中檢查問題、發現問題（Check）。

A：解決問題，總結複盤，反覆運算計畫（Act）。

然後開始一輪新的閉環，循環向上則帶動我們一步步邁上新的人生高度。如何運用這些思維達成自己的 5 年目標呢？我有以下幾點建議。

（1）想清楚黃金圈法則中的「Why」，即你為什麼要實現

圖 7-3　**PDCA** 循環

持續改進的循環選代模型

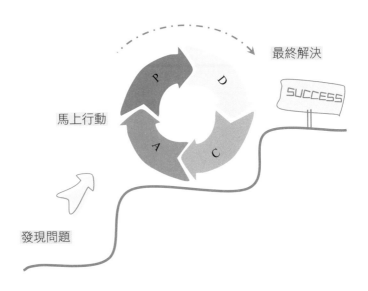

這個目標，實現它對你來說有什麼意義。

（2）把目標向下拆解，思考它由哪些不同的維度組成，針對每個維度確定一個量化的北極星目標。如果你尚沒有想法，就可以考慮自由人生公式中的主業、副業、投資、套利和個人影響力 5 個維度。

（3）將北極星目標繼續往下拆解，細到可以指導你執行的顆粒度。

————————————————————— 實戰小演練

請運用本節介紹的思維方式
制定自己的 **5 年願景實現路徑**。

自我成長：「正回饋」 是長期堅持一件事的源動力

很多人做事只有 3 分鐘熱度，最主要的原因是沒有從中得

到正回饋，找不到堅持下去的內驅力和成就感。正回饋和負反饋是系統動力學模型中的兩個因素，正回饋可以刺激、增加循環、強化行動，負反饋則抑制行動。

建立即時的正回饋

可能很多人不相信，兩年前我寫下「理財入門課」的瞬間，心裡想的第一個要解決的問題是「如何讓學員們賺回學費」。為什麼這樣想？因為這是我能把這門課做下去幫助更多人的起點，只有完成從 0 到 1 的質變，才有可能實現從 1 到 100 甚至到 10000 的量變。

有些人在看完我分享的 2 年收入提升 10 倍的文章後激動地來問我：「阿七，怎麼做能讓我一年賺到 150 萬元？」

我問他：「你現在的薪水是多少？有薪水以外的收入嗎？」他說：「薪水 25000 元／月，沒有其他收入。」你看，大部分人定了目標後都無法實現，是因為他們制定的目標不夠具體嗎？不是！說實在的，這些目標不算低，但對他們所處階段來說，這已經不是從 0 到 1，而是從 0 到 100 的飛躍了。與其絞盡腦汁思考怎樣馬上賺到 150 萬元，不如先考慮先如何賺到薪水以外

的 500 元。先賺到 500 元，再考慮怎樣把 500 元放大到 5000 元、50000 元……目標不明確，很容易讓人因距離目標太遠而作罷。只有不斷積累小的成果，才有可能獲得大的果實。

例如，我有個學員娟子，2020 年她認識我時剛生完第二胎，帶孩子和繁瑣家務讓她很疲憊，她不但沒有時間考慮自己的成長，就連休息時間都很少。她問了我一個問題：「有不花太多時間就能每個月多賺 10000 元的方法嗎？我不想一夜致富，只希望能每月多賺 10000 元，請阿姨幫我做家務，讓我能睡個好覺就行。」我說有，她就信了。

學完「理財入門課」後的第一年，她用多戶新股申購抽籤這個方法實現了「阿姨自由」。這帶給她很大的信心，激勵她花更多時間深入地學習投資和套利。她還推薦了 30 多個身邊的朋友跟我學習，每個朋友都很感激她幫助自己打開了新世界的大門。

朋友的感激讓她獲得了更多滿足感和成就感，她意識到自己的影響力正在擴大，只要給別人分享有價值的東西就是一件值得做的事情。於是她開始在微信朋友圈和小紅書分享自己在營養學、理財學習方面的實踐和經驗，從此開始打造自己的個

人品牌，建立影響力。

3 年來她已經從一個沒有收入的產後媽媽成長為擁有許多渠道收入、月入 10 多萬元、擁有很多選擇權的媽媽了。

娟子的案例就是一個典型的正回饋循環。從「每個月多賺 10000 元」開始，有了正回饋後，主動性和探索性會變得更強，認知和思路也會因此變得更開闊，想盡辦法解決實踐中遇到的各種問題，同時把結果分享出去，吸引更多同頻道的人，也在幫助別人的過程中獲得更多收入上的正向回饋。

很多文章告訴我們要「延遲滿足」，延遲滿足是為了追求星辰大海的目標。然而我們是一般人，要踮起腳尖搆得到星辰大海，首先要具備的是信心。信心從哪裡來？從這一個個小的正回饋開始，慢慢積累成更大的成果。

保持內在驅動力

在努力實現自己人生目標的這 10 幾年間，我也有過懈怠的時候，懷疑是不是這輩子只能按部就班地生活，也會想「要不就躺平算了，活著好辛苦啊」。然而我最終還是會打敗腦海中那個要「躺平」的想法，站起來繼續奮鬥。

　　我的內在驅動力是：責任、使命以及對理想生活的渴望。我對家人和自己的生命都負有責任。因為身體因素，擔心以後需要花很多錢就醫，如果我在父母和伴侶之前離開人世，一定要保證他們後續的生活不受影響，這是我努力賺錢的內在驅動力之一。

　　近幾年有上千人因為我的分享而改變了自己的生活，他們從迷惘的狀態中跳出來，開始更積極地面對生活、熱衷於賺錢、發現生活中更多的可能性。他們的成果和回饋給了我非常大的力量，讓我從中找到了人生的意義，找到我的使命所在。但人都有怠惰時，我也會用一些以下的小技巧保持內在自驅力。

（1）設定里程碑事件

　　在實現 5 年目標的路上設立一個小里程碑，以此標記距離目標還有多遠，這樣就能做到心中有數、不慌不忙。例如，我想用 5 年存夠 50 萬元，那麼我會在 10 萬元、25 萬元、40 萬元時分別設定一個更小的里程碑，走到每個里程碑時給自己一點小小的獎勵。

（2）每年擁有一個新身份

　　我是熱衷於獲得不同人生體驗的人，這能讓我感覺自己的

生命是鮮活的。最近 7～8 年，我每年都會在其他領域做一些新的嘗試，擁有一個新身份。在探索新的領域、思考新的思路時，我的大腦會保持興奮和活躍。例如，最近幾年我多了企業營運顧問、創業者、自媒體博主、知識付費老師、保險經紀人等身份，每一個身份都代表著未知領域的開啟和能力的拓展，這種感覺太讓人著迷了。

（3）提前滿足部分欲望

如果願景比較宏偉遠大，不妨換一種方式來滿足部分欲望，給自己一些前進的動力。例如，我想在 35 歲後擁有一間帶有書房和院子的房子。住在這樣的房子裡，幸福感和工作效率一定很高。然而這個目標在第三個 5 年計畫開始時顯得很遙遠。於是，我換了一種思路，買不起就可以租，花小成本提前實現改善居住環境的願望。果然，工作效率和成長速度都提升了很多。

如果你現在受困於「沒有前進的驅動力」，不妨嘗試從一個個小的正回饋開始著手激勵自己。

 實戰小演練

請給自己設定里程碑事件。

果斷行動：化繁爲簡，讓你的
執行力配得上夢想

> 要想實現自己的人生藍圖，解決了目標和內在驅動力
> 的問題後，最重要的就是解決執行力的問題。只要在
> 認知的基礎上具備極強的執行力，賺錢就不是一件難
> 事。

・・・

▋看見你的「機會成本」

　　「賺錢無秘密，全靠執行力」，這是我寫在書桌前的一句話。

我寫這句話的起因是 2020 年我看到了港股市場的賺錢效應，每

新增一個港股帳號就能每年增加 10 萬多元的投資收益。當時，執行力決定了我賺錢的速度和上限，慢一天就有可能錯過一個漲幅超過 50% 的新股。因此我寫下這句話提醒自己提高執行力。

很多人說自己遲遲無法動起來是因為無法克服拖延症。但在我看來，克服不了拖延症，只不過是因為看不到機會，沒有意識到懶惰給自己帶來的機會成本有多高。

什麼是「機會成本」？它是指當你做選擇或沒做該選擇，你失去的最大收益。如果 2020 年我不瞭解港股新股申購抽籤的賺錢效應，沒有新增 80～90 港股帳戶，我就可能錯失 500 多萬元的投資收益。

錯過機會比直接虧錢更讓人心痛。這 3 年我看到太多人都是因為懶惰，一再地錯過賺錢機會而痛心疾首。錯過機會的次數多了，拖延症自然就克服了。

2021 年 4 月初，我曾受邀去幫一家企業的會員上課。過程中我講到了當時適合定投某檔 ETF。後來該檔 ETF 指數開啟了一波大的結構性行情，4 個月內漲幅超過 70%。

我後來瞭解當時在場的幾 10 人中，大部分人都因自己還沒

有證券戶而放棄行動，只有一個人聽話照做，收穫了超額收益。其他人在 4 個月後都直呼後悔莫及。這件事以後他們再次遇到類似的機會都是第一時間衝在前面。

看不到機會的根本原因在於認知不足，意識不到自己面對的是機會，也意識不到自己不行動就會錯失什麼。還有另一個原因就是「畏難」心態，過分放大了行動的難度，導致自己遲遲邁不出行動的第一步。

拖延的本質是什麼？

《拖延心理學》裡有一個觀點：有拖延症的人往往都有失敗恐懼症，他們的內心被一個錯誤的邏輯束縛，即「做事失敗 ＝ 我能力有問題 ＝ 我是個沒價值的人」。因為害怕失敗，所以不願意開始，導致拖延。

其實，我自己也是間歇性拖延症患者。以前兼職寫作時，似乎不到最後一刻就沒有靈感；在公司寫營運方案時，不到最後一天就沒有想法，每次都壓最後期限衝刺過關。只有在賺錢這件事上我完全沒有拖延症。遇到感興趣的賺錢機會，我一定

衝在最前面。我對於研究賺錢機會的興趣，遠遠大於賺到錢本身。

身為曾經是重度拖延症患者而且同時需要完成很多事情的我，如何同時經營公司、管理團隊、講課、寫書、副業做保險、投資，以及做 B 端客戶的諮詢呢？其實祕訣就是以下 3 點。

（1）立刻做

困難的事情先搭框架，初步填充，再回饋和反覆運算。對於自己不想做、有畏難情緒的事情，先深吸一口氣，告訴自己只做 5 分鐘就停止。通常情況下，5 分鐘後通常就有了接著做下去的動力，人一旦進入專注的狀態就很難感受到時間流逝。

（2）系統做

用量化和拆解思維拆解要做的事情。在紙上列一個任務清單，把大的任務拆解成一個個小項目，每完成一個項目打個勾。打勾的儀式感會讓你產生不虛度時間的滿足感和成就感，這些正回饋會在當下給你源源不斷的動力。

（3）享受做

拖延是大部分人的通病，不要埋怨自己，陷入情緒的內耗。多用積極的暗示，告訴自己如果我現在開始做這件事，就會比

同齡人成長得更快。學會分清主次，先做重要的事，在做之前可以用描繪願景的方法描繪完成任務後的成就感。

此外，最根本的問題還是我們要拓展自己的認知能力，認清做這件事的重要性和可能會因為拖延而遭受的損失，才會由內而外地萌生執行的動力。

執行力是拉開人與人之間差距的核心原因，在賺錢這件事上尤其是如此。當你執行力到位時，你會感受到人生從此大不相同。

實戰小演練

請問你月初制定的計畫還有哪些沒有開始執行？
現在、立刻、馬上執行。

效率提升：一天抵十天，超過同齡人的時間管理方法

常有粉絲用「八爪魚」形容我現在的狀態，意思是我可以在同一段時間做很多事情。例如，最近兩年我開發了 5 門課程、

做了 60 多場直播、更新了 50 多篇文章、PO 文近 20 萬字的內容、幫 3 家企業做顧問、為 100 多人做諮詢、寫了 1 本書、外出旅行 4 個月、從零開始營運的社群，至今已有 700 多人、做保險經紀人的副業等。他們都很好奇，自己兼顧一份主業和家庭的正常運轉就已經很吃力了，為什麼我的精力如此旺盛，可以用同樣的時間做比別人多幾倍的事情呢？

時間是恆定的，重點在於目標管理

每次有人來問我如何做時間管理，我都會告訴她：「我沒有時間管理，只有目標管理。」我認為時間管理是一個偽命題。因為時間是恆定的，我們每個人每天的時間都只有 24 小時，不會因為誰管理得好就多出 2 小時。所以時間是不能被管理的。

我們要管理的不是時間，而是在相同時間下的狀態。好的狀態可以把 1 小時用出 2 小時的效果。怎樣能有更好的狀態呢？我認為首先要學會管理目標和自己的精力（體力）。每天把我們從床上叫醒的不是「不要虛度時間的焦慮感」，而是這個月要拿到全勤的薪水來支付各種帳單的目標。

驅動我做事的最終目標是我設定的目的地和人生意義。我

在 2021 年初給自己訂下「今年要影響 1000 人邁出理財第一步」的目標，這是那一年對我來說最重要的事。只要想到自己的目標沒有實現，這 1000 人可能會因為我的懶惰而無法受到幫助而打破認知，或許會因此陷入負債的漩渦和錯誤的金錢觀念中，我就沒有心思繼續躺在床上刷影片、看電視劇。

心理學家維克多・弗蘭克爾在他的著作《活出生命的意義》中引用了尼采的名言：「知道為什麼而活的人，便能生存。」他曾是納粹集中營中倖存的心理學家，他描述了在不斷死去的環境中，這個認知如何挽救了自己的生命。

看不到生活有任何意義、任何目標，因此覺得活著無謂的人是可憐的。我們真正需要的，是在生活態度上來個根本的轉變。我們需要瞭解自身，而且需要說服那些絕望的人：「我們期望生活給予什麼並不重要，重要的是生活對我們有什麼期望。」

大部分對我的時間管理方法感興趣的人其真正需求是想知道如何提升效率。效率提升的先決條件是你有充足的精力面對日常生活中繁雜的事務。我在一篇文章中看到過關於精力管理的金字塔模型，如圖 7 - 4 所示，這正好佐證了「人生的意義感是驅動我們做事的底層邏輯」這個觀點。

圖 7-4　精力管理的金字塔模型

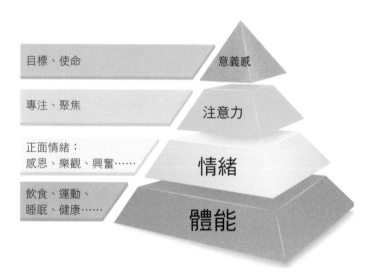

目標、使命　　　　意義感

專注、聚焦　　　　注意力

正面情緒：
感恩、樂觀、興奮……　情緒

飲食、運動、
睡眠、健康……　體能

　　精力管理的最底層是體能。體能好、心肺能力強的人，大腦供血、供糖、供氧都充足，工作效率也會更高。

　　精力管理的第二層是情緒。心理學中有大量的證據證明，積極和穩定的情緒對人的記憶力、認知力和決策力都有正面影響。

　　精力管理的第三層是注意力。提出心流理論的心理學家米哈里說過：「注意力是我們能夠擁有自主控制最重要的資源。」

注意力的改善是可以被刻意訓練的，我常用的方法有兩個：一是主動隔絕干擾，把手機丟在另一個房間，電腦上退出微信等任何即時通信類軟體；二是營造氛圍，做任何需要專注的事情時我會帶上耳機放冥想音樂，它能幫助我更快地進入心流狀態，沉浸在當下要做的事情中。

精力管理的最頂層是意義感。意義感是人活著的最高追求，也可以理解為人生目標或使命感。它是驅動我們做事的底層邏輯。有意義感的人能在日常生活中迸發出巨大的能量。總而言之，<u>好的精力 = 好的體能 + 積極的情緒 + 不被雜事左右的注意力 + 生命的意義</u>。

明白少即是多，加強效率的提升

精力充足，提升效率的先決條件就有了。下面我分享幾個自己在提升效率方面的心得。

（1）遵循二八法則，只做最重要的事

把 80% 的時間花在最重要的事情上，我每天只給自己定一件最重要的事。例如，今天的任務是研究一個新的賺錢機會，

我會在早上交代助理處理其他事情，不要打擾我。先把今天的任務完成後，再用剩下的時間處理瑣事。當你全神貫注地投入某件事、進入心流狀態時，就會產生很強的滿足感和成就感，效率就會提高。

放在一年的時間維度也是這樣。2021 年我最重要的事情是影響 1000 人，那麼我全年所有的事情都圍繞這個目標展開；2022 年我最重要的事是課程體系搭建與完善，那麼我 80% 的時間都用來開發課程、錄製課程、反覆運算內容；2023 年我最重要的事是寫書影響更多人，這是我現在正在做的事情，而且「推廣這本書，影響更多人」會持續貫穿整年。

學會專注與克制，明白「少即是多」，是被大量資訊包圍的現代人所需的自律。肯花大量時間專注地做一件事，才能在如今資訊爆炸的世界裡找到自己的核心目標並實現它。

（2）多做有槓桿和複利效應的事

第 2 章曾講到職場中的槓桿思維即找到最佳路徑，用最小成本獲得最大收益，這個思維同樣適用於人生目標的實現。我做任何事情不會單線地考慮，而會擴散地想這件事情怎樣做，可以同時產生結果 A、B、C……

　　例如，在直播中，我有時會給我的會員分享自己在職場、人生目標管理及如何增加收入管道方面的經驗；直播結束後，我會把直播內容整理成公眾號文章推送給粉絲；公眾號文章又可以匯總成一本電子書，發給每個加我微信的人，讓他們快速瞭解我的個人經驗、價值觀和分享的誠意。

　　至於有複利效應的事，只要它可以給你的成長帶來持續的累積，就是可以堅持的事。例如，做自媒體、寫書、開發課程，這些對我來說都是有複利效應的事，它們能幫助我建立更大的影響力。

（3）做時間價值更高的事

　　很多人對投入產出比沒有概念，如果一件事交給別人做的成本比你自己做要低很多，就可以把它外包出去，把你的時間留給能產出價值更高的事。

　　大部分時間效率不高的人都有一個根深蒂固的觀念：什麼事情都要抓在自己手上。建立成本意識，把時間當作資產，計算投入產出比會讓你更容易聚焦於自己的目標，戰略性地忽略那些低價值的事。「捨小錢，辦大事」說的就是這個道理。

請仔細思考哪些是能給你帶來複利效應的事情，
並增加花在這些事情上的時間。

心態建立：
擺脫精神內耗，為成長加足馬力

每個人都有一套認知世界的底層思維系統，這套底層思維系統是支撐我們認知成長、解決複雜問題的一整套思維模式，也包括我們的自我進化和思維反覆運算。

這套底層思維系統的關鍵在於認知力和心力。認知力指引方向，心力決定我們的人生邊界。用一句通俗的話來說，認知決定你去哪裡，心力決定你能走多遠。

心力是「穩定器」

所謂「認知力」就是解決未知問題的能力。為認知自我，知道自己是什麼樣的人，對自我有正確的認識和判斷；也是認

知世界，對世界的洞察，我們如何分辨機會和風險，如何做決策。格局、心胸、視野，最終都可以歸為「認知力」。

前幾章講的主業提升、找副業、學投資、發現套利機會等，都屬於提升認知力的範圍，這一節要討論的是心力。模型、方法等理性的東西都可以通過學習獲得，但真正驅動一個人前行的往往是他的內在感受、內心力量。我們可以把心力理解為專注力、創造力、洞察力等，心力越強大，人生越從容。

對創業者來說，心力強大尤其重要。因為創業路上要過的難關、要解決的困難很多，質疑、焦慮、找不到破局點、產品沒有銷路、資金鏈可能面臨斷裂等都是現實中要解決的問題。如果心力不夠強大，就很容易在創業路上被打垮。

對一般人來說，心力同樣很重要。面對長時間沒有升職空間的工作、不上進的伴侶、壓得人喘不過氣來的房貸和車貸、看不到希望的人生，你是否依然能從容應對，並找到你自己？

要找到破局點需要心力的支撐。我有一位學員經常找我傾訴，她在創業過程中想「躺平」、無法拒絕不想應付的客戶、經常因為瑣事跟丈夫吵架、對自己要做的事情產生懷疑。這些都是心力不夠強的表現，我要給她做「心理按摩」。

心力其實是我們內心的「穩定器」，也是力量的來源。你的內心是否足夠安定、放鬆，能否包容原來不能包容的事情，能否忍受痛苦去拓展自己的界限、眼界，這都是需要不斷修煉的。

提升心力，擺脫情緒內耗

我在剛創業時，心力也不夠強大，會因為受別人的質疑而影響一天的好心情，讓我懷疑自己堅持做教育的意義。甚至會想，如果把時間花在自己投資上，回報會高得多，我為什麼還要帶這麼多「小白」改變思維，想盡辦法幫助他們提升收入，教會他們賺錢的底層邏輯呢？

經歷過這些情緒內耗後，我找到了一些提升心力的方法。

（1）預判並遠離帶來壞情緒的源頭

遇到不同頻率的人，或者可能給自己帶來壞情緒的事時，我會第一時間主動捨棄。例如，有人因為錯過課程優惠來跟我討價還價，我會請他別上我的課；我在小紅書發了乾貨筆記後，有人因認知局限說些反對的話，我會直接把他拉黑，我不為此產生情緒內耗。

（2）構建健康的人際關係相處原則

很多心力消耗都源於內耗。建立自己的人際關係相處原則，才能免受不健康關係的苦。例如，跟一個自己特別不喜歡的人聊天，還要強顏歡笑，肯定身心疲憊。面對這種情況，我通常都會禮貌地拒絕，然後做自己的事。

構建健康的人際關係，最好的方法就是明確知道自己的邊界在哪裡，守住邊界，不要自己打破自己立的規矩。例如，我在和新的團隊夥伴建立工作關係之初就會表明：我不喜歡修改不及格的方案，把方案做到 60 分是你們應該自己解決的問題，我可以指導你們把 60 分的方案修改到 80 分，但我拒絕看 60 分以下的方案。只有這樣大家的工作效率才會更高，助理們也能快速提升個人能力。

（3）給工作按下暫停鍵，調整狀態

自由職業不像大家認為的時間完全由自己掌控，我們的工作和休息時間是模糊的。在公司工作還有上下班打卡時間，我們卻經常凌晨和半夜還在工作。

工作太忙，感到身體和心理狀態都不好時，我會按下暫停鍵，去山裡住幾天，「丟掉」手機，只專注於面前的大自然和當

下的緩慢時光，調整自己的身心靈。

（4）摒棄雜念，保持專注

人很容易受到情緒和外界的影響，尤其是在資訊過剩的時代，有太多吸引我們注意力的東西。但是對於要實現人生目標的我們來說，負面情緒和雜念永遠是絆腳石。一旦帶著它們去看待問題、解決問題，我們就很容易掉進「窮忙」的陷阱。

能克己，方能成己。心不動，專注於解決問題，方能到達遠方。

（5）發善念，有益於他人

善念利他，形成良性的商業循環，最終惠及自己。幫助他人解決問題，從中獲得助人達己的成就感，是一種非常有效的方式。2022 年，我從川西和西藏旅行回來後遲遲找不到工作的動力。但是我用 7 天時間給 10 幾位自由人生俱樂部的學員做一對一的諮詢，幫助他們解決當下的問題後突然就找回了工作的動力。

有了使命感，就有了興奮點。任何時候都不忘初心，就是最好的激發心力的方式。

請嘗試找到適合自己提升心力的方式。

活成自己想要的樣子

　　回顧過去這十幾年，我覺得人生真的很奇妙。出於對自由人生的嚮往，我把多年的營運、投資等工作經驗用在自己身上，慢慢形成了這套相對完善的自由人生系統，活成了很多人想要的樣子。

　　我原本沒有想過把這套方法論分享出來，因為我擔心大家產生了對自由人生的渴望和信心卻又沒辦法確實實現，倒不如單純地過平常日子來得自在。後來，我看到自由人生系統為越來越多的學員帶來了變化。再加上大環境的不確定性越來越強，我意識到這套系統有著廣泛的適用性，相信它可以幫助更多人，這也是我寫這本書初心。

　　在寫這本書的時候，我經常覺得自己文筆不佳，沒辦法用優美的語言表達自己的所思所想，但好在它算是簡單易懂，沒有太多艱澀的道理。對於這本書所講的內容，你只要拿出一部

分開始去實踐，就會有成果。

在這裡要感謝我的好朋友花爺，在我成長上給我啟發以及我的編輯張國才老師，是他一次次的督促和耐心的指導，才有了這本書。還有我的老師小馬魚和 Angie，她們讓我看到了女性創業者的堅韌、柔軟和利他，也讓我看到了不盲目追求規模化、真誠對待使用者、小而美的事業也是可以長久經營下去的。

感謝我的愛人和父母、團隊和學員們，在寫書的這幾個月中，是她們包容我，主動承擔了幫助其他人的責任。她們的正回饋給了我巨大的能量，激勵我不斷完善這套人生系統，推動我前行，去發光、發亮。

我希望每一個讀完這本書的人都能打開思路，從中找到實現自由人生的路徑和方法，能像我一樣遵從內心地生活。

投資也好，成長也罷，都是我們人生路上的一場修行。

願～每個人都能邁向自由而富足的人生！

富能量

財富哪裡來

作　　者：林蕾七
責任編輯：黃佳燕
封面設計：BIANCO TSAI
內文設計：王氏研創藝術有限公司

總 編 輯：林麗文
副 總 編：黃佳燕
主　　編：高佩琳、賴秉薇、蕭歆儀
行銷總監：祝子慧
行銷企畫：林彥伶、朱妍靜

出　　版：幸福文化出版／遠足文化事業股份有限公司
發　　行：遠足文化事業股份有限公司 (讀書共和國出版集團)
地　　址：231 新北市新店區民權路 108 之 2 號 9 樓
郵撥帳號：19504465 遠足文化事業股份有限公司
電　　話：(02) 2218-1417
信　　箱：service@bookrep.com.tw

法律顧問：華洋法律事務所 蘇文生律師
印　　製：博創印藝文化事業有限公司
初版一刷：2024 年 03 月
定　　價：380 元

國家圖書館出版品預行編目 (CIP) 資料

財富哪裡來 / 林蕾七著 . -- 初版 . -- 新北市 :
幸福文化出版社出版 : 遠足文化事業股份有限
公司發行 , 2024.03
ISBN 978-626-7427-16-3(平裝)
1.CST: 個人理財 2.CST: 投資 3.CST: 成功法

563　　　　　　　　　　　　113001775

奇摩文化